BONS CONSEILS

DE M. LE MAIRE

sur

LA POLICE RURALE, LE DROIT RURAL ET LE DROIT USUEL

ET LES

RAPPORTS DES CAMPAGNES ENTRE EUX ET AVEC L'AUTORITÉ

PAR

A. YSABEAU

PARIS

LIBRAIRIE ADMINISTRATIVE DE PAUL DUPONT

RUE DE GRENELLE-SAINT-HONORÉ, 45

1865

LES

BONS CONSEILS

DE M. LE MAIRE

PARIS. — Imprimerie de Paul Dupont, rue de Grenelle-Saint-Honoré, 45.

LES
BONS CONSEILS
DE M. LE MAIRE

sur

La Police rurale, le Droit rural, le Droit usuel et les Rapports des habitants des campagnes entre eux et avec l'autorité.

AR

A. YSABEAU

PARIS

LIBRAIRIE ADMINISTRATIVE DE PAUL DUPONT

RUE DE GRENELLE-SAINT-HONORÉ, 45

—

1865

PRÉFACE

Un propriétaire, dans une position de fortune indépendante, accepte les fonctions de maire d'une commune rurale, avec le dessein bien arrêté de mettre ses connaissances et son expérience des affaires au service de ses administrés, de réprimer tous les abus, d'inspirer à tous l'amour de l'ordre et le respect de la loi, protectrice de tous les intérêts. Il commence par la partie la plus facile de sa tâche : il met un terme au maraudage, au braconnage, aux négligences dans la garde des bestiaux ; il veille à l'exécution des mesures prescrites contre les épizooties ; il obtient que chacun fasse son devoir dans les cas d'incendies, dans les battues pour la destruction des loups.

Malgré les obstacles qu'il rencontre inévitablement dans l'exécution de ses plans, il finit par gagner tellement la confiance générale qu'il amène les habitants de sa commune à comprendre la nécessité de suivre de bonne volonté les bons conseils de M. le maire; car, en dehors de ses fonctions, il saisit avec empressement toutes les occasions qui peuvent s'offrir de réconcilier des ennemis, de prévenir des procès, d'écarter toutes les causes de discorde, et ses conseils comme homme de loi sont reçus d'autant plus volontiers qu'il les donne gratuitement.

Ce cadre permet de montrer, sous forme de récit, l'application des lois sur la police rurale, le droit rural et tout ce qui constitue le droit usuel. Il existe un grand nombre de bons ouvrages traitant des mêmes matières; mais ces livres ne sont pas destinés à être lus : on les consulte au besoin, on ne les lit pas. *Les bons Conseils de M. le Maire* sont, au contraire, un livre de lecture pour les habitants des campagnes, à commencer par les élèves les plus avancés des écoles primaires des communes rurales. Chaque conseil, chaque prescription de la loi se trouvent encadrés dans une action où l'intervention du maire est naturellement amenée, de manière à faire pénétrer le sens et l'esprit de la loi dans l'esprit du lecteur, bien mieux que si le texte de la loi lui était simplement énoncé, sans lui en montrer les conséquences.

L'auteur s'est appliqué, d'un bout à l'autre de l'ouvrage, à sauver autant que possible l'aridité du sujet par l'attrait de la forme ; il s'est proposé pour but de démontrer clairement ce que les habitants des campagnes ont à gagner en se conformant en tout et pour tout aux prescriptions de la loi, et le tort qu'ils se font à eux-mêmes lorsqu'il leur arrive d'y manquer.

Quant au personnage de M. le maire, il n'est point entièrement d'invention ; la crainte d'offenser la modestie d'un homme de bien empêche seule l'auteur de ce livre de nommer le maire qui, dans une commune d'un département voisin de la capitale, ne cesse de faire beaucoup de bien, d'empêcher et de prévenir beaucoup de mal, d'être la providence de sa commune ; et les maires qui suivent cette ligne honorable de conduite se comptent par milliers en France.

Ce livre aura pleinement atteint son but si les habitants des campagnes trouvent quelque profit et en même temps un peu de plaisir à la lecture des *Bons Conseils de M. le Maire.*

A. Ysabeau.

LES
BONS CONSEILS
DE M. LE MAIRE

PREMIÈRE PARTIE

POLICE RURALE

CHAPITRE PREMIER

SOMMAIRE. — Caractère des fonctions de maire d'une commune rurale. — Réparation des dégâts. — Les dindons dans le sarrasin. — Observation des réglements. — Bestiaux morts mal enterrés. — Profondeur réglementaire. — Morts causées par imprudence.

Les fonctions de maire d'une commune rurale, pour celui qui en comprend l'importance et qui est déterminé à les bien remplir, ne sont pas purement honorifiques ; elles n'ont rien de commun avec une sinécure ; il n'est pas d'emploi public qui offre l'occasion de faire plus de bien et d'empêcher le mal. Un maire de village doit surtout avoir la volonté ferme de faire exécuter à la rigueur les lois et règlements dont l'observation rentre dans sa compétence, ce qui ne peut manquer de lui susciter beaucoup d'inimitiés. Aussi, dans nombre de communes, c'est à qui ne sera pas maire ; ceux que leur instruction et leur position de fortune désignent naturellement pour ces fonctions, sont précisément ceux qui se soucient le moins de s'en charger.

M. de Bonneuil, propriétaire aisé, habitant toute l'année par goût sa maison de campagne, décorée par les gens du pays du titre de château, était vivement sollicité, par le sous-préfet de son arrondissement et par les principaux habitants de sa commune, d'accepter la mairie vacante, dont personne n'était disposé à prendre la lourde responsabilité.

— Vous ne savez pas ce que vous désirez, dit M. de Bonneuil à ses voisins qui renouvelaient leurs instances ; je connais trop votre aversion invétérée pour l'obéissance stricte à la loi : avec une volonté bien arrêtée de la faire respecter rigoureusement si j'étais maire, vous ne seriez pas vingt-quatre heures sans vous repentir amèrement de m'avoir fait nommer.

Ce que M. de Bonneuil avait prévu se réalisa. Appelé aux fonctions de maire, qu'il accepta de bonne volonté, il commença à porter la main sur les abus, et ils étaient nombreux, et ceux à qui ces abus profitaient jetèrent les hauts cris.

— Je vous avais prévenus, disait M. de Bonneuil;

je savais bien que cette sévérité qu'il me faut déployer pour vous mettre au pas serait blâmée généralement : prenez-en votre parti. Je n'ai pas désiré d'être maire ; mais à présent que je le suis, vous marcherez très-droit, je vous en réponds ; je ne donnerai pas ma démission, et vous m'en remercierez plus tard.

Peu à peu, en effet, ceux qui, jusque-là, avaient souffert des abus sans oser élever la voix, se sentant soutenus, eurent recours, pour obtenir satisfaction, à l'autorité de M. le maire. Lucas, simple journalier, vivait, grâce à son activité, dans une certaine aisance relative. Il avait loué un quartier de terre près du village ; aidé de sa femme et de l'aîné de ses enfants, il cultivait à temps perdu ce terrain avec beaucoup d'intelligence, et il savait en faire sortir une partie importante des vivres de la famille ; de sorte qu'au bout de l'an on avait vécu passablement, et il restait quelque chose dans le tiroir à la monnaie. Lucas avait pour voisin M. Robert, riche fermier, brave homme au fond, mais un peu à cheval sur son argent, rude au pauvre monde, et parlant volontiers, du haut de ses écus, à ceux qui en avaient moins que lui. Or, il arriva qu'un matin du mois d'octobre, une centaine de dindons appartenant à M. Robert firent irruption dans le champ de Lucas, dont une portion était couverte d'une récolte de sarrasin prête à être enlevée, et ils y commirent un dégât énorme. Lucas était désolé, mais il n'osait se plaindre, parce que, dans le courant de l'hiver, il gagnait quelques journées de travail, de temps à autre, à la ferme de M. Robert ; néanmoins, par les conseils de sa femme, qui avait confiance dans l'équité de M. de Bonneuil, il se décida à aller lui en parler.

—Voici, lui dit M. de Bonneuil après avoir reçu sa plainte, ce que la loi vous autorise à faire : vous pouvez, avec votre femme et vos enfants, entourer la bande de dindons, les prendre, les tuer jusqu'au dernier, les laisser sur le terrain, et faire avertir M. Robert de venir les enlever ; il aura ensuite à vous tenir compte du dégât commis par ses dindons décédés.

—Vraiment ? dit Lucas… Vous êtes bien sûr, monsieur le maire, que la loi me permet d'en agir ainsi ? Ah ! si je l'avais su plus tôt ! Attendez un moment ; les maudites bêtes, leur procès ne sera pas long.

— N'en faites rien, dit M. de Bonneuil. Consulté par vous, j'ai dû vous dire quel était votre droit selon la loi ; mais il n'est pas toujours sage d'user de son droit à la rigueur, et, dans cette circonstance, je vous conseille de n'en pas user. Les dindons de M. Robert sont-ils encore dans votre sarrasin ?

— Assurément, monsieur ; ils n'en sortiront pas tant qu'ils y trouveront un grain à dévorer.

— Est-ce qu'il n'y avait personne pour les garder?

— Si fait, monsieur, il y avait le petit Antoine. En allant à sa recherche, je l'ai trouvé à un quart d'heure de là, fort occupé à faire cuire à un feu de bouses desséchées

des pommes de terre qu'il venait de voler dans un champ
voisin, ne songeant pas plus à ses dindons que s'ils
n'avaient jamais existé. Quand il m'a vu arriver une tri-
que à la main, pensant que je venais pour lui donner une
volée, il s'est sauvé à toutes jambes ; j'ai eu beau le rap-
peler et lui dire de venir chercher ses bêtes, il ne m'a pas
écouté ; il court encore.

— Je vais vous accompagner, dit M. de Bonneuil, et si
vous vous en rapportez à moi, je me fais fort de vous faire
amplement indemniser, sans vous attirer l'inimitié de
M. Robert.

Quand Lucas, accompagné de M. de Bonneuil, revint à
son champ de sarrasin, les dindons y étaient encore.
M. Robert, que M. de Bonneuil avait fait prévenir par le
garde champêtre, ne tarda pas à venir les y rejoindre. Il
prit d'abord la chose de très-haut, criant au lieu de parler,
et trouvant étrange qu'un drôle qui avait besoin de travailler à sa ferme pour ne pas mourir de faim s'avisât de
porter plainte contre lui.

— Monsieur, lui dit M. de Bonneuil, nous ne sommes
pas sourds ; ne parlez pas si haut, je vous prie. Vos dindons ont dévasté le champ de Lucas ; vous lui devez un
dédommagement ; ce champ aurait pu donner 3 hecto-
litres de sarrasin, ce qui en reste ne vaut pas la peine
d'être récolté : le sarrasin valait au dernier marché 15 fr.
l'hectolitre, vous allez vous exécuter, comme un honnête homme que vous êtes, et compter en ma présence

45 fr. en bonne monnaie à Lucas, à qui vous les devez.

— Qu'est-ce à dire? reprit M. Robert; sommes-nous en Turquie? et M. le maire se croit-il un cadi? Que Lucas, s'il l'ose, me fasse assigner devant le juge de paix; c'est à lui, non à vous à me condamner; s'il me condamne, je payerai, pas avant.

— Votre observation est parfaitement juste, dit M. de Bonneuil, sans hausser le ton. Mais, mon cher monsieur, dans ce monde, il faut que chacun y mette un peu du sien. Si vous vous laissez assigner devant le juge de paix, moi, je vous envoie en cour d'assises, pas davantage.

— En cour d'assises? dit M. Robert en changeant de visage; moi, en cour d'assises?

— Mon Dieu, oui, mon voisin, en cour d'assises, sous la prévention de deux morts causées par votre imprudence; ma plainte est toute dressée, vous pouvez en prendre connaissance à la mairie. Vous ne nierez pas qu'elle ne soit pleinement dans mes attributions; une fois qu'elle sera entre les mains du procureur impérial, vous vous en tirerez comme vous pourrez : ce sera votre affaire.

Le bonhomme Lucas ignorait de quoi il s'agissait; il riait dans sa barbe, en voyant tomber tout à plat l'arrogance de M. Robert.

— Vous savez, poursuivit M. de Bonneuil, que sans tenir compte de mes recommandations réitérées, vous avez, contrairement aux règlements, fait à peine recouvrir d'un peu de terre les corps d'une vache et de trois moutons morts chez vous de maladie, au lieu de les faire enterrer à 1 mètre 50 de profondeur, comme le prescrit la loi. Vous avez aussi négligé le soin, également obligatoire, de faire taillader, avant de les enfouir, la peau de ces animaux. Qu'en est-il résulté ? Jean le braconnier et ses deux fils sont allés la nuit déterrer les bêtes mortes ; ils les ont écorchées, et ils en ont vendu les peaux. L'un des garçons s'est fait, pendant cette opération, une légère coupure au bras, à laquelle il n'a donné d'abord aucune attention ; il s'était inoculé le charbon, il en est mort hier soir ; je le tiens du médecin qui l'a soigné. Ce n'est pas tout. Jean et ses fils n'ont pas pris la peine d'enterrer les bêtes écorchées ; les loups et les chiens errants sont venus s'en repaître pendant la nuit ; les mouches s'y sont abattues par milliers pendant le jour : une de ces mouches a piqué au visage la petite Pauline Maugé, le charbon s'est déclaré, l'enfant ne passera pas la nuit. Est-ce assez de deux morts causées par votre faute ? Et commettrais-je une injustice en vous envoyant devant les juges subir la peine de votre incurie ?

M. Robert ne trouva rien à répondre ; il était atterré.

— Écoutez, mon voisin, dit M. de Bonneuil, le mal est fait ; je m'en rapporte à vous pour qu'il soit réparé autant qu'il peut l'être. Mon rapport, avec les pièces à l'appui, n'est pas parti, il peut ne pas partir. Mais pour que j'use envers vous d'un bon procédé, il ne faut pas me traiter de cadi, ce qui est de mauvais goût pour un homme bien élevé; il faut faire enterrer à 1 mètre 50 vos bêtes mortes, et faire jeter de la chaux par-dessus.

— Ce sera fait dans une heure, dit M. Robert.

— Il faut avant tout, reprit M. de Bonneuil, compter 45 fr. au bonhomme Lucas, ici présent, sans attendre que vous y soyez contraint par la justice de paix.

M. Robert ne répondit pas. Il tira l'argent de sa poche et le remit à Lucas, qui, l'ayant compté, trouva 5 fr. de trop.

— J'ai cinq francs à vous remettre, dit-il; vous vous êtes trompé.

— Non, dit M. Robert, c'est pour la petite bourse de tes enfants; et quand tu manqueras d'ouvrage, viens me trouver, il y en aura toujours pour toi à la ferme.

— A la bonne heure! dit M. de Bonneuil, il ne s'agit que de s'entendre; je savais bien que vous étiez au fond un homme juste et loyal.

— Et moi, dit M. Robert, je ne savais pas encore combien la commune a de chances d'avoir rencontré un maire tel que vous!

CHATITRE II

Les bois dépendant de la commune dont M. de Bonneuil était maire servaient fréquemment de repaire à des loups qui devenaient le fléau des troupeaux de tout le canton; ils avaient même dévoré, en dépit de la clochette qu'on leur suspend habituellement au cou, quelques-uns de ces misérables chevaux dont les charbonniers se servent pour le transport des produits de leur noire industrie. Le mal en vint au point où il ne pouvait plus être toléré; les habitants de la commune vinrent prier M. le maire de s'entendre avec ses collègues des communes voisines et avec MM. les officiers de louveterie, pour faire faire des battues contre les loups.

1.

— Je ne demande pas mieux, répondit M. de Bonneuil ; mais, tous, tant que vous êtes, vous avez besoin d'une leçon, et je saisis cette occasion pour vous la donner. Vous désirez qu'il soit fait une battue générale contre les loups dans tout le canton ; la demande est juste et raisonnable ; je vais, dès aujourd'hui, en écrire à M. le sous-préfet. Mais que va-t-il arriver ? Quand il s'agira d'entrer sérieusement en campagne, ce sera un *empressement* universel à ne pas se déranger.

Chacun se récria, en faisant observer à M. le maire que la commune était, au contraire, renommée pour l'adresse de ses tireurs.

— Dites de ses braconniers, reprit M. de Bonneuil, des gens sans pitié pour les lapins, qui ne connaissent pas la fatigue pour faire la guerre au lièvre et à la perdrix, mais tièdes et indolents contre les loups. Quel résultat ont donné les battues précédentes, et lequel d'entre les fins tireurs de la commune s'y est distingué ? C'est donc chose convenue : nous allons faire une battue organisée sur une grande échelle contre les loups, et tous ceux que j'aurai mis en réquisition et qui manqueront à l'appel sont avertis que je leur ferai payer sans miséricorde l'amende qu'ils auront encourue ; il n'y aura pas de surprise.

Cependant M. de Bonneuil, voulant assurer le succès de la battue projetée, s'adressa à une famille mal famée et très-redoutée de tout le monde dans tout le canton ; il alla trouver Jean le braconnier, qui vivait, lui et ses fils, de diverses industries plus ou moins avouables, celui-là même qui venait de perdre un de ses garçons de la maladie du charbon pour avoir dépouillé sans précaution une vache morte de la même affection.

Jean, dont la famille habitait une chaumière isolée à l'une des extrémités du village, fut fort étonné de recevoir la visite de **M.** le maire. Il ne put d'abord se défendre d'une certaine émotion; l'abord cordial de **M.** de Bonneuil l'eut bientôt rassuré.

— J'ai souvent admiré la justesse de votre tir, lui dit **M.** de Bonneuil, et moi qui me pique de n'être pas maladroit à la chasse, je m'y connais. On va faire une battue aux loups, il faut vous y distinguer; vous vous tiendrez près de moi, j'ai confiance dans votre coup d'œil : j'aurai soin d'arranger tout pour que les occasions ne vous manquent pas; vous aurez soin, vous, d'avertir ceux de vos amis qui sont comme vous d'adroits tireurs; après cette partie de chasse sérieuse, nous causerons. Jean, ajouta **M.** de Bonneuil, la mort récente d'un de vos fils a dû vous porter un coup cruel; je sais quelle vous a fait beaucoup réfléchir. Moi, j'ai souvent pensé à vous, au parti qu'on peut tirer d'un homme intrépide et infatigable tel que vous; je désire vous être utile, et je crois que j'en ai les moyens.

Il n'en fallut pas davantage pour doubler le courage de Jean, ancien contrebandier de profession, né pour une vie de dangers et d'aventures, et bien las de celle qu'il menait, surtout depuis la fin malheureuse de son aîné.

La battue fut magnifique. Jean, posté au débouché d'un bois plein de loups et complétement cerné, fit coup double : il abattit de ses deux coups une louve accompagnée d'un jeune louveteau ; tout l'honneur de la journée fut pour lui. Quand le soir M. de Bonneuil voulut le présenter au sous-préfet, qui avait assisté à cette mémorable battue, Jean et ses fils avaient disparu. Ils ne revinrent que deux jours après : ils avaient suivi une louve blessée qui, selon la coutume des animaux de son espèce, ayant réussi à percer la ligne des chasseurs, avait pris sa course droit devant elle. Jean connaissait assez les habitudes des loups pour savoir qu'une fois lancés en ligne droite, ils ne se détournent jamais, jusqu'à ce qu'ils rencontrent un fourré où ils puissent se croire en sûreté. Il savait donc à peu près où retrouver sa louve. Il la rejoignit en effet, la tua, fit dresser procès-verbal par le maire de la commune sur le territoire de laquelle la louve avait été abattue, et, muni de cette pièce, revint trouver M. de Bonneuil.

— Vous m'avez offert votre protection, lui dit-il, j'en ai grand besoin ; vous voyez, monsieur, que j'ai tenu à la mériter.

— C'est bien, lui dit M. de Bonneuil. Voici ce que j'ai à vous proposer : un de mes amis, grand propriétaire en Algérie, a besoin d'un garde particulier pour ses forêts ; le gibier dont elles sont peuplées consiste en hyènes, panthères, et même quelques lions ; je pense que cela ne vous effrayerait pas ?

— Au contraire, dit Jean, rien ne convient mieux à mon tempérament que des dangers sérieux à braver; j'accepte avec une vive reconnaissance. Mon fils, qui doit tirer l'an prochain, viendra avec moi ; il a du goût pour le service, il devancera son appel ; sa place est marquée dans un régiment de zouaves. Ma femme a une place dans une ferme, elle y restera : chacun aura son lot, et mènera l'existence qui lui convient ; et vous, monsieur le maire, jamais vous n'aurez fait une meilleure action.

— Les choses, dit M. de Bonneuil, s'arrangent donc à merveille. Vous allez recevoir la prime pour les loups que vous avez tués avec une adresse peu commune, et le propriétaire dont vous allez être le garde avancera, sur ma demande, vos frais de déplacement.

On s'était d'abord étonné dans la commune de l'intérêt témoigné par M. de Bonneuil à des gens haïs et redoutés comme l'étaient Jean le braconnier et sa famille. Mais, d'une part, la sécurité rendue aux troupeaux par la destruction d'un bon nombre de loups ; de l'autre, la satisfaction générale causée par le départ de Jean pour l'Algérie, firent rendre justice au maire, aussi prévoyant que juste, et ceux-là mêmes que, fidèle à sa promesse, il mit rigoureusement à l'amende, parce qu'ils s'étaient abstenus dé prendre part à la battue, n'osèrent pas trop murmurer contre lui.

Une épizootie cruelle, qui décima le gros bétail d'une partie du département, fournit à M. de Bonneuil une occasion d'acquérir de nouveaux droits à la reconnaissance de ses administrés. Dès la première invasion du fléau, il surveilla rigoureusement la stricte exécution des mesures de précaution prescrites par les lois sur la police rurale, et des mesures d'hygiène ordonnées par le médecin vétérinaire. Un fermier, dont les vaches étaient atteintes d'un commencement de maladie, commit la faute grave d'en envoyer plusieurs sur un pâturage communal, où elles communiquèrent le mal à d'autres, ce qui causa de nombreuses pertes qu'il eût été facile de prévenir. M. de Bonneuil réclama contre cet imprudent toute la sévérité de l'autorité judiciaire, et quand la famille et les amis du fermier vinrent le trouver pour le supplier de ne pas le faire poursuivre, il leur répondit :

— Pourquoi m'avez-vous fait nommer votre maire? Vous ai-je pris en traître? N'étiez-vous pas avertis de ma résolution de faire mon devoir à la rigueur en toute occasion? C'est ce que je fais, et vos sollicitations n'arrêteront pas le cours de la justice. Il faut un exemple; il faut qu'on sache bien que celui qui, par insouciance ou autrement, cause un dommage à autrui, doit le réparer, et que moi, maire, je dois veiller strictement à ce qu'il en soit toujours ainsi. Si vous vouliez un maire capable de transiger avec son devoir, ce n'est pas moi qu'il fallait désigner au choix de l'autorité supérieure.

Cet acte de vigueur porta ses fruits ; personne n'osa montrer de négligence ni de mauvais vouloir, et quand M. de Bonneuil conseillait quelque mesure d'intérêt général, ses bons conseils étaient suivis sans hésitation. Il en résulta que l'épizootie enleva dans sa commune moins de bétail que partout aux environs, et qu'on en fut quitte à meilleur marché qu'on aurait pu le craindre au moment de l'invasion du fléau.

Quand l'épizootie eut cessé, M. de Bonneuil proposa une souscription dont le produit devait indemniser les pauvres ménages ruinés par la perte de leur unique vache ou de leur seule paire de bœufs. Les grands propriétaires, ses voisins, voulaient qu'il visitât d'abord, après qu'eux-mêmes se seraient inscrits en tête de la liste de souscription, les habitants les plus aisés de la commune.

— Non pas, dit M. de Bonneuil, commençons par les plus pauvres, parmi ceux qui peuvent donner si peu que ce soit ; leur modeste offrande stimulera la générosité des autres, sans humilier ceux qui ont peu de chose à offrir.

En suivant cette marche sensée, M. de Bonneuil réunit assez de fonds pour réparer une grande partie du mal causé par l'épizootie, et la commune y gagna doublement. Car, à dater de ce moment, chacun comprit si bien la nécessité de se plier sans négligence aux exigences de la police rurale, que la sévérité inflexible de M. de Bonneuil ne trouvait même plus d'occasions de s'exercer, tant tout le monde avait fini par y mettre de bonne volonté. Ce beau résultat n'avait pas été obtenu sans peine; mais c'était une sorte de prodige que la tenue modèle d'une commune jadis renommée pour l'incurie de ses habitants, actuellement remise dans un ordre parfait, moins par des mesures d'autorité que par l'influence qu'exerçaient les bons conseils de M. le maire.

CHAPITRE III

— Vous allez me trouver bien curieux, disait un jour M. Robert à M. de Bonneuil ; mais depuis la révocation du dernier garde champêtre, je me suis souvent demandé pourquoi, ayant à choisir pour le remplacer parmi des hommes de grande taille, en possession de leurs deux yeux, vous en avez pris un petit et borgne ? Est-ce qu'à votre avis les petits borgnes ont une aptitude spéciale pour les fonctions de garde champêtre ?

— Précisément, mon voisin, répondit le maire, et c'est ce que je me fais fort de vous démontrer. Premièrement, quant à la répression du maraudage et des délits ruraux les plus communs, un grand garde champêtre ne vaut rien du tout.

— Pourquoi cela, je vous prie?

— Pourquoi? Mais parce qu'il se voit de trop loin. Les délinquants ne peuvent manquer de l'apercevoir, il dépasse de toute la tête les haies et les blés mûrs; il ne constate pas moitié autant de contraventions qu'un garde champêtre comme le mien, de petite taille, qui se glisse le long des blés et des haies sans être vu, et qui surprend les maraudeurs en flagrant délit; ils ont bien plus peur de celui-là qu'ils n'avaient peur de l'autre, je vous en réponds.

— Cette raison a sa valeur, j'en conviens, dit M. Robert; mais vous pouviez avoir un autre garde champêtre aussi petit que le vôtre, et qui n'eût pas été borgne.

— Remarquez, dit M. de Bonneuil, que mon garde champêtre est borgne de l'œil droit. J'ai eu soin de m'assurer qu'il n'est pas gaucher, de sorte qu'il lui est impossible de se servir d'un fusil. C'est pour cela qu'il a dû renoncer à la carrière militaire, où il pouvait espérer faire son chemin, étant sous-officier de chasseurs à pied, fort estimé de ses chefs. Je suis parfaitement certain qu'étant privé de l'œil droit, il ne chassera pas, comme le faisait son prédécesseur, duquel je n'ai jamais pu obtenir la répression des délits de chasse, attendu qu'il était le camarade intime et le complice de tous les braconniers du canton, bien que la loi défende formellement aux gardes champêtres de porter un fusil. La perte de l'œil droit, par suite d'un coup de feu reçu en Afrique, fait honneur à mon garde champêtre, elle prouve son intrépidité ; deux engagements passés sous les drapeaux lui ont fait contracter l'habitude de la ponctualité dans l'accomplissement de ses devoirs. Depuis son entrée en fonctions, je n'ai eu qu'à me féliciter de la manière dont il fait son service. Aussi, qui est-ce qui se plaint de lui dans la commune ? Ceux qui s'accommodaient fort de l'incurie de son devancier. Actif, vigilant, infatigable comme un ancien sergent d'infanterie légère, il y voit plus clair de son œil unique que beaucoup d'autres avec leurs deux yeux. Donc, bien que le garde champêtre soit petit et borgne, je crois vous avoir prouvé victorieusement que, dans l'intérêt de la commune, je ne pouvais mieux choisir.

Secondé par un auxiliaire capable et dévoué, M. de Bonneuil fut en mesure de réprimer un genre de désordre qu'il ne lui avait pas été possible de faire cesser précédemment. Malgré ses avertissements réitérés, beaucoup de petits cultivateurs conduisaient leurs vaches aux champs le matin, et les y laissaient paître tout le jour sur leur bonne foi, sans s'en embarrasser autrement. Quand M. le maire leur faisait de justes représentations, ils répondaient:

— Nos bêtes connaissent bien les champs, allez! Elles n'ont garde d'en sortir ; il n'y a rien à dire tant qu'elles ne commettent pas de dégâts et que personne ne s'en plaint.

— Ce n'est pas une raison, ou plutôt, c'en est une mauvaise, disait M. de Bonneuil ; la loi défend de laisser les bestiaux à l'abandon; ce fait en lui-même est punissable, même lorsqu'il n'y a pas de dégâts à réparer, et moi, vous le savez, je tiens à ce que la loi soit obéie à la rigueur.

On laissait dire M. le maire, et une partie des vaches de la commune continuaient à se garder elles-mêmes, lorsque l'une d'elles, piquée par un insecte ou effarouchée par une cause quelconque, prit la course à travers champs, traversa la grande route, et blessa grièvement un passant qui n'avait pas eu le temps de se déranger. Le nouveau garde champêtre venait précisément d'entrer en fonctions. D'après les ordres exprès de M. le maire, il dressa procès-verbal contre tous les propriétaires de bestiaux qui s'abstenaient de les faire garder. Tous furent mis à l'amende dont le payement fut exigé à la rigueur, et, à l'avenir, toutes les vaches furent gardées, ce qui fit cesser les causes d'accidents semblables à celui dont la grande route avait été le théâtre.

— Eh bien, voisin, dit M. de Bonneuil à M. Robert, que dites-vous de mon petit garde champêtre privé de l'œil droit ?

— Je dis que voilà bien des gens mis à l'amende, et qu'il n'y a qu'un cri dans la commune contre votre sévérité.

— Laissons-les crier; l'amende n'est pas lourde, elle ne les ruinera pas, et ils auront soin de ne plus s'y exposer. Ce que je tiens à vous faire remarquer, c'est qu'avec le précédent garde champêtre, sur cinq procès-verbaux, il

y en avait quatre frappés de nullité pour des ratures, des
renvois non approuvés, des retards pour la remise entre
les mains du juge de paix, que sais-je ? La plupart du
temps, il n'en résultait rien du tout, si bien que c'était
une locution commune dans le village de dire d'une vaine
menace : « Je m'en soucie comme d'un procès-verbal du
garde champêtre. » Aujourd'hui, tous les procès-verbaux
sont écrits lisiblement, sans ratures, affirmés dans les
vingt-quatre heures devant le juge de paix, remis en
temps utile à l'autorité compétente, selon la nature du
délit constaté. On sait qu'il n'y a plus à s'en moquer ; on
les craint, et le nombre des délits ruraux est déjà diminué
de plus de moitié. J'espère bien qu'il diminuera encore ;
tout le monde y gagnera.

Autant le garde champêtre était sourd à toutes les sollicitations et insensible à toutes les politesses ayant pour but
de l'engager à transiger avec son devoir, autant il était,
comme on dit, à cheval sur ses attributions, et incapable de
dresser contre quelqu'un un procès-verbal mal fondé. Un
soir, un habitant de la commune, sortant du cabaret après
avoir bu un peu plus que de raison, croyant rentrer chez
lui, entra dans la cour d'une maison voisine de la sienne.
La porte à claire-voie était fermée au loquet seulement.
Un gros chien de garde était lâché dans la cour ; l'animal
sauta sur l'étranger et le mordit légèrement au bras, ce qui
le dégrisa sur-le-champ. Aux cris de l'homme mordu, les
voisins accoururent ; on s'empressa de panser la morsure,

qui n'offrait d'ailleurs aucun danger. Le propriétaire du chien s'excusa sur ce que, plusieurs fois, on avait tenté de lui voler des lapins, ce qui l'avait obligé à lâcher la nuit son chien de garde dans sa cour.

— Si seulement, disait-il au blessé, vous aviez appelé ou frappé avant d'entrer, il ne vous serait rien arrivé. Mais vous avez levé le loquet et vous êtes entré sans rien dire ; évidemment Castor, mon chien, qui n'est pas naturellement hargneux, a cru avoir affaire à un malfaiteur.

Mais l'homme dégrisé n'entendait pas se payer de ces raisons. Le garde champêtre étant accouru au bruit, il le somma d'avoir à dresser procès-verbal contre le propriétaire du chien et à constater la morsure qu'il venait de recevoir.

— C'est ce qui ne m'est pas possible, dit le garde champêtre ; le propriétaire du chien est dans son droit ; vous n'avez rien à faire, quant à votre morsure, que d'en prendre votre parti, elle vous reste pour compte. Je n'ai aucun droit pour dresser à cette occasion un procès-verbal dont le seul effet serait de m'attirer une verte réprimande de M. le maire, et il aurait raison ; car mon procès-verbal ne vaudrait absolument rien et ne saurait vous servir à rien.

Ce fut en vain que l'homme mordu employa prières et menaces, accusant le garde champêtre de partialité en faveur de son voisin. Il fallut que M. de Bonneuil, qui ne craignait pas de se déranger quand il s'agissait d'empêcher l'inimitié et la rancune de prendre racine entre ses adminis-trés, les réunît tous deux chez lui, leur lût le texte de la loi, et démontrât au plaignant que l'accident dont il était vic-time provenait entièrement de sa faute, de sorte que le garde champêtre n'avait pu faire autrement que de se refuser à verbaliser. Au bout de peu de jours, la bles-sure fut cicatrisée sans laisser de traces. Le propriétaire du chien, prenant son voisin par son faible, lui fit boire quelques bouteilles de vin vieux, et leur réconciliation, négociée par M. le maire, fut scellée le verre à la main, en compagnie du garde champêtre.

CHAPITRE IV

Le nouveau garde champêtre, par un excès de zèle qui contrastait avec le laisser-aller de son prédécesseur, entassait les procès-verbaux les uns sur les autres, à propos des moindres négligences. Un enfant, pour s'épargner un détour, traversait-il avec sa vache un champ ensemencé, en la conduisant à l'abreuvoir ou au pâturage? procès-verbal. Une femme, en longeant une prairie, laissait-elle sa vache allonger le cou pour se régaler d'une touffe d'herbe? procès-verbal.

— Il ne faut pas, lui dit le maire, confondre une sévé-rité juste et nécessaire avec une rigueur outrée, qui man-querait le but en le dépassant. Pour les légères contraventions du fait des animaux mal gardés, la loi formule, il est vrai, une amende de 1 à 5 francs ; mais, en réalité, cette amende n'est presque jamais payée. Si tous ceux qui ont encouru cette amende étaient condamnés à la payer, les gens de la commune seraient à couteau tiré les uns contre les autres ; ils vivraient dans un état de guerre perpétuel ; le bon ordre y perdrait au lieu d'y gagner ; le pays ne serait pas habitable.

— Alors, dit le garde champêtre, que faut-il faire de ce tas de procès-verbaux ? Dois-je les déchirer et les jeter au feu ?

— Non pas, non pas ! Puisqu'ils existent, servons-nous-en. Je ne ferai pas payer l'amende aux parents des enfants qui sont supposés garder les bestiaux, et qui le plus souvent auraient grand besoin eux-mêmes d'être gardés ; mais je leur ferai peur, sans aller au delà, ce qui suffira pour les rendre plus attentifs. Faites-leur savoir que les procès-verbaux seront annulés pour cette fois, mais que si les contraventions se renouvellent, les amendes seront payées, sans rémission.

L'effet produit par cette pluie de procès-verbaux et par l'indulgence de M. le maire, qui voulut bien n'y pas donner suite, fut des plus heureux pour la commune. Les jeunes pâtres, parfaitement certains de payer l'amende sur leurs épaules, s'il leur arrivait d'exposer leurs parents à la payer en bonne monnaie, se montrèrent moins négligents, et il n'y eut pas lieu de verbaliser contre eux une seconde fois.

— Monsieur, dit un jour le garde champêtre à M. de Bonneuil, j'ai surpris, pendant une ronde de nuit, le fils de Jean Lantier qui faisait manger à sa vache le seigle de la veuve Simonneau ; il conduisait sa vache à la corde ; il était entre dix et onze heures du soir ; je l'ai très-bien reconnu, grâce au clair de lune. Il me semble que pour un pareil délit il n'y a pas d'excuse, d'autant plus que le fils Lantier a dix-huit ans ; il sait parfaitement ce qu'il fait ; il agit, sans aucun doute, par ordre de son père, qui en veut depuis longtemps à la veuve Simonneau, sa voisine.

— Vous avez raison, dit M. de Bonneuil, ce n'est point ici le cas de montrer de l'indulgence ; un simple rappel à l'ordre ne suffirait pas contre des gens qui font le mal par haine, et avec préméditation.

Cette fois, M. le maire fit un exemple ; la loi fut appliquée à la rigueur ; les coupables payèrent l'amende, égale à la valeur des dégâts ; ils payèrent en outre les dégâts et les frais ; ce qui fit à leur bourse une assez large saignée, dont ils purent conserver longtemps le souvenir salutaire ; toute la commune applaudit.

Un autre genre de délits, auxquels personne n'avait songé à remédier, était commis sur une bien plus grande échelle, à l'époque des grandes foires des environs, par les conducteurs de troupeaux de moutons et de bêtes à cornes. Lorsque, pendant le trajet, ils ne découvraient pas en regardant autour d'eux le chapeau du garde champêtre, ils permettaient à leurs animaux de tondre en passant les pâturages, et même les prairies à faux courante ; c'était autant d'épargné sur les frais d'auberge.

M. le maire fit mettre quelques-uns des délinquants à l'amende pour l'exemple ; l'un d'eux, qui avait rendu sa faute plus grave en maltraitant le garde champêtre dans l'exercice de ses fonctions, eut en outre à subir plusieurs jours de prison, pour lui apprendre à vivre. Le bruit se répandit alors dans tout le canton qu'il y avait une commune dont le maire ne plaisantait pas avec les choses sérieuses ; on sut que les conducteurs de bestiaux devaient se tenir sur leurs gardes en traversant le territoire de cette commune, et les contraventions ne se renouvelèrent pas.

— Pourquoi, dit un jour M. Robert à M. de Bonneuil, avez-vous mis les Lantier dans le cas de subir plusieurs jours de prison pour avoir détaché quelques greffes des arbres de la veuve Simonneau ? Ils venaient justement de payer sévèrement les pots cassés dans une affaire où, j'en conviens, tous les torts étaient de leur côté. Mais, cette fois, l'emprisonnement pour des greffes enlevées qu'il est encore temps de remplacer, de sorte que le dommage réellement éprouvé sera nul ou à peu près, n'est-ce pas un peu rigoureux ? Je ne prétends pas défendre les Lantier, le père et le fils sont d'assez mauvais drôles ; mais, en les exaspérant, ne craignez-vous pas qu'ils ne finissent par se porter à quelque fâcheuse extrémité ?

— Oh ! quant à cela, dit le maire, jamais pareille considération ne m'arrêtera, quand il s'agira de punir une méchante action ; c'en est une que de s'en prendre aux récoltes ou aux arbres des gens à qui l'on en veut. Que, pour un sujet de querelle souvent futile, des gens de la commune échangent quelques coups de poing qui ne les empêchent pas d'être ensuite les meilleurs amis du monde, je suis tout disposé à fermer les yeux. Mais qu'on dégrade de manière ou d'autre les arbres d'un voisin pour satisfaire une mauvaise rancune, c'est ce que je ne souffrirai jamais. Comprenez bien, mon cher voisin, que la sévérité de la loi en pareil cas n'a rien d'exagéré ; la loi attache avec raison une gravité particulière au délit, quel qu'il soit, qui ne profite pas à celui qui le commet, et n'a d'autre but qu'une sotte et lâche vengeance. C'est pourquoi la loi punit si légèrement le simple maraudage, qui même, selon les circonstances, n'est presque jamais puni. Quel est, par exemple, le garde champêtre qui verbalisera contre un passant ramassant une pomme pour se désaltérer, ou contre l'enfant qui ne résiste pas à la tentation d'abattre quelques noix sur le bord d'un chemin ? Mais, sans qu'il vous en puisse revenir aucun profit, détacher les greffes des arbres fruitiers, ou bien les écorcer de manière à les faire périr, c'est sérieux, et quelques jours de prison ne me semblent pas de trop pour celui qu'on surprend à faire un pareil métier. Je réponds ensuite à votre observation au sujet de l'exaspération des Lantier, et des suites qu'elle pourrait avoir. Ces gens ne sont pas décidément des malfaiteurs; ils ont un mauvais caractère plutôt qu'un mauvais cœur. S'ils en veulent mortellement à la veuve Simonneau, c'est qu'elle a gagné contre eux un procès dans lequel ils croyaient avoir raison; je sais que, pour tout le reste, ils ne se comportent pas en malhonnêtes gens. Le hasard veut que justement, en ce moment, ils soient en difficulté avec le propriétaire de leur métairie. Celui-ci s'est adressé à moi pour savoir s'il devait leur continuer la location de ses terres ou les donner à d'autres. J'ai dit, ce qui est la vérité, que ce sont de très-bons cultivateurs; j'ai aplani les difficultés entre eux et leur propriétaire; j'irai moi-même cette après-midi leur porter de bonnes paroles de sa part. Ajoutez à cela que, pour diverses petites contraventions de voirie vicinale, je suis à leur égard, en présence de la condamnation plus sévère qu'ils ont encourue, d'une indulgence toute paternelle. Après cela, s'ils continuent à m'en vouloir, ils seront dans leur tort; mais je ne les crois pas capables de chercher à me faire du mal. Et, à ce propos, que dites-vous de mon petit garde champêtre? Ai-je eu la main heureuse en le choisissant, et jamais les propriétés et les récoltes ont-elles été mieux gardées?

— Pour cela, c'est la vérité, dit M. Robert; si j'avais quelque chose à reprendre en lui, ce serait qu'il fait trop bien son service; mais personne n'a le droit de s'en plaindre : ce serait, comme dit le proverbe, se plaindre de ce que la mariée est trop belle. Vous avez réellement, monsieur le maire, mis la main sur le vrai modèle des gardes champêtres.

2.

CHAPITRE V

Voici, dit le garde champêtre à M. de Bonneuil qu'il rencontra à la promenade, un jeune drôle que je viens d'arrêter. Je l'ai pris battant cruellement un pauvre petit garçon, qui s'en est allé boitant et saignant tant il avait été maltraité. Ce n'est pas la première fois que ce méchant garnement exerce ainsi sa brutalité lâche, toujours sur de malheureux enfants trop jeunes ou trop faibles pour lui rendre les coups. J'ai pensé qu'il était temps de lui donner une bonne leçon ; faut-il le conduire à la gendarmerie ?

— Il faut, dit le maire, le reconduire où vous l'avez pris ;

c'est la première chose à faire, car vous n'aviez pas le droit de l'arrêter. La loi défend d'arrêter un individu quelconque tandis qu'il garde les bestiaux, et je sais que ce garçon était censé garder ses vaches quand vous l'avez pris. Vous ne seriez dans votre droit que dans le cas où il y aurait eu danger de mort pour l'enfant que vous avez retiré de ses mains.

— Je vous assure, monsieur, dit le garde champêtre, qu'il était temps d'arriver au secours du plus faible ; je ne dis pas qu'il l'aurait tué, mais, à coup sûr, il lui aurait cassé quelque chose.

Le coupable, entendant que le maire donnait tort au garde champêtre qui l'avait arrêté, s'était dégagé tout doucement et s'apprêtait à jouer des jambes.

— Pas si vite, dit M. de Bonneuil en lui barrant le passage : on ne passe pas.

— Enfin, monsieur, dit le garde champêtre, en quoi suis-je dans mon tort ?

— En un point fort important. Les bestiaux confiés à la garde de ce garçon ont dû rester à l'abandon ; par cela seul, vous êtes responsable des dégâts que ces animaux sans gardien peuvent commettre. Si, comme vous l'assurez, le jeune enfant battu par le vacher était en danger, l'arrestation peut être justifiée ; mais, allons au plus pressé. Tandis que vous reconduirez le vacher près de ses bêtes, où vous aurez soin de le garder à vue, j'irai, moi, chez ses parents, pour qu'on vous relève de faction. Dès que les vaches auront un autre gardien, vous remettrez ce vaurien entre les mains des gendarmes.

Les vaches du délinquant étaient heureusement très-douces bêtes ; elles avaient eu l'instinct, se trouvant livrées à elles-mêmes, à deux pas d'un beau champ de trèfle, de résister à la tentation, et de ne pas sortir du terrain qui leur était assigné comme pâturage. Les parents du vacher supplièrent M. le maire d'intervenir pour qu'il n'y eût pas de plainte portée contre leur fils: ils payèrent les soins du médecin qui visita l'enfant maltraité, et l'affaire n'alla pas plus loin.

— Souvenez-vous, dit le maire au garde champêtre, que jamais, en pareil cas, celui qui garde le bétail ne peut être arrêté avant qu'il ait été pourvu à la garde des bestiaux par un autre, même quand on prend le coupable en flagrant délit, à moins qu'il ne s'agisse d'un fait qualifié crime par la loi, et qu'il puisse y avoir danger de mort pour quelqu'un. Alors, mais seulement alors, l'arrestation est nécessaire, coûte que coûte, sans s'embarrasser des bestiaux, qui deviennent ce qu'ils peuvent. Ce sont d'ailleurs de ces circonstances qui ne peuvent se présenter que très-rarement.

— Je vous trouve rarement en faute, dit un autre jour M. de Bonneuil à son garde champêtre ; je ne fais que vous rendre justice en vous disant que, pour la police rurale, peu de maires dans le canton sont aussi bien secondés que je le suis par vous, dans l'exercice de vos fonctions. Ne trouvez donc pas mauvais que je vous avertisse amicalement, quand votre service laisse quelque chose à désirer. Vous n'avez pas verbalisé hier contre un charretier qui frappait avec une brutalité sauvage sur la tête de son cheval. Vous étiez présent; je vous ai vu de loin parler au charretier, auquel vous avez fait sans doute quelques représentations; cela ne suffit pas; il fallait dresser procès-verbal.

— Monsieur, dit le garde champêtre pour s'excuser, le cheval était à lui.

— Cela ne fait rien. Il est vrai que la loi, avant 1838, ne formulait aucune pénalité contre celui qui exerçait de mauvais traitements envers des animaux à lui appartenant; mais, depuis 1838, la loi protectrice des animaux, souvent désignée sous le nom de loi Grammont, parce qu'elle a été votée sur la proposition du général de Grammont, est précise sur ce point; elle punit de l'amende, et, en cas de récidive, de la prison, la cruauté envers les animaux, sans distinguer s'ils appartiennent ou non à celui qui les maltraite.

— J'avais pensé jusqu'ici, dit le garde champêtre, que les délits de ce genre sont ceux dont la répression est le moins urgente.

— Vous vous trompez singulièrement, reprit le maire; je regarde, moi, comme éminemment utile la loi qui défend de maltraiter les animaux. Les trois quarts du temps, ces pauvres bêtes sont confiées à des serviteurs qui ne prennent à leur conservation qu'un médiocre intérêt, et qui passent sur eux, quand ils ne sont pas surveillés, leurs accès de mauvaise humeur ou de colère. Croyez-moi, celui qui s'habitue à la cruauté envers les animaux, devient bientôt cruel envers les hommes. Enfin, presque tous nos animaux domestiques, mais particulièrement les chevaux, plus exposés que d'autres à être maltraités, en raison même de la nature de leurs services, ont beaucoup de mémoire; ils gardent longtemps rancune à ceux dont ils ont à se plaindre; ils attendent longtemps l'occasion de se venger; un beau jour, ils la trouvent, et ils en profitent. Les exemples de charretiers brutaux, saisis, renversés, écrasés sous les pieds des chevaux qu'ils avaient battus sans motif, ne sont pas rares. C'est donc autant dans l'intérêt des charretiers que dans celui de la conservation des chevaux que la loi Grammont met un frein à la brutalité des charretiers envers leurs attelages; car trop souvent les conséquences en retombent sur eux-mêmes. Ne craignez donc pas, je vous y invite formellement, de dresser procès-verbal, chaque fois que vous serez témoin d'actes punis par la loi Grammont; ces actes sont compris parmi ceux sur lesquels doit s'exercer votre plus active surveillance.

Les recommandations de M. le maire à son garde champêtre ne furent pas perdues, les prescriptions de la loi Grammont furent mieux observées que par le passé.

Un jour, deux jeunes gens du village qui s'exerçaient, par passe-temps, à qui lancerait le plus loin de grosses

pierres, atteignirent au genou le cheval d'un voyageur.
L'animal, frappé à l'improviste, se cabra, jeta son cavalier
par terre, et tomba lui-même si malheureusement, qu'il se
cassa net une jambe de devant. Le cavalier n'avait reçu
dans sa chute que de légères contusions; mais quand il vit
son cheval perdu (car la jambe cassée d'un cheval ne se
remet pas), il se fit aussitôt conduire à la mairie. Il venait à peine d'achever de déposer sa plainte, quand les délinquants arrivèrent. Évidemment la perte du cheval était
purement accidentelle, ils n'avaient pas eu la moindre intention de lui nuire; mais le cheval n'en était pas moins
perdu.

— Vous avez commis, leur dit le maire, un acte d'imprudence et d'étourderie qui va vous coûter cher. Les excuses ne sont pas ici de mise. Il est bien certain que, comme
on dit vulgairement, vous ne l'avez pas fait exprès; mais
la loi est là ; vous avez positivement causé la mort du cheval de ce voyageur. N'étant pas sérieusement blessé, il ne
réclame rien quant à sa chute. Je vais faire estimer par
le vétérinaire le cheval, qui n'est plus bon qu'à être abattu,
et vous en rembourserez la valeur ; il n'y a pas à mar-
chander.

Les jeunes gens s'exécutèrent ; le voyageur remercia
sincèrement le maire de la prompte conclusion de l'affaire,
l'argent lui ayant été compté séance tenante.

— Si je n'avais rencontré en vous, lui dit-il, un homme
aussi juste que ferme, je pouvais me trouver dans un cruel

embarras. Le cheval que je montais m'avait été prêté ; j'aurais dû indemniser le propriétaire.

— Il est heureux, dit le maire, que l'accident qui a causé la perte de votre cheval soit le fait de deux jeunes gens solvables. Si, sur mon invitation, ils avaient refusé de payer, la justice les y aurait forcés, ils le savent bien ; il aurait pu arriver que les étourdis fussent trop pauvres pour vous satisfaire.

— C'est ce que j'ai pu craindre un moment, monsieur, et c'eût été pour moi une perte très-grave.

— Non pas pour vous, mais pour moi, dit M. de Bonneuil : j'aurais regardé comme un devoir de vous indemniser. Les jeux du genre de celui que se permettaient ces jeunes gens sont sévèrement interdits sur la voie publique ; c'est au maire à veiller à ce que cette partie des règlements sur la police rurale soit observée ; je me serais cru tenu en conscience à payer le dommage, si ceux qui l'ont commis ne s'étaient pas trouvés en mesure de vous payer la valeur de votre cheval.

CHAPITRE VI

— Je n'aurais jamais cru, disait M. Robert à M. de Bonneuil, que vous réussiriez en si peu de temps à réprimer les délits ruraux qui étaient enracinés dans les habitudes des gens du pays ; je vous en félicite cordialement.

— Ce n'est rien encore, dit M. de Bonneuil : ma tâche n'est pas accomplie, à beaucoup près ; mais j'approche graduellement de mon but. Je ne croirai l'avoir atteint que quand mon brave garde champêtre n'aura plus du tout de délits ou de contraventions à constater.

—Vous n'en viendrez pas là, je le crains, sans soulever

bien des haines parmi ceux-là mêmes à qui vous faites du bien.

— Je m'y attendais et j'en prends mon parti, dit M. de Bonneuil ; peu m'importe, pourvu que le bien se fasse, et il se fera, je vous le promets.

— Monsieur le maire, dit le lendemain le garde champêtre, j'ai surpris, la nuit dernière, deux hommes de la commune qui travaillaient, à l'aide d'une civière, à voler du fumier sur une des pièces de terre de la ferme de M. Robert. La manière dont ils s'y prenaient, ne pouvant savoir qu'ils étaient observés, n'est pas du tout maladroite. Afin de ne pas laisser de traces derrière eux, ils avaient ôté leurs sabots et entortillé autour de leurs pieds un gros bouchon de paille. Au lieu de porter directement sur leur terrain le fumier volé, ils faisaient un assez long détour, en passant sur une pièce de trèfle récemment fauchée, où l'empreinte de leurs pas se perdait tout à fait. Ce matin, comme ils avaient eu la précaution de ne prendre qu'un peu de fumier de place en place, les tas ne paraissaient pas diminués ; si je n'avais été témoin du vol, personne, je crois, n'en aurait eu aucun soupçon. Je ne doute pas que les voleurs ne continuent leur opération la nuit prochaine ; je viens prendre vos ordres : que faut-il faire ?

— Votre devoir, dit M. de Bonneuil ; un vol est un vol, il est de votre devoir de le constater.

— C'est une assez mauvaise commission, dit le garde champêtre. Les gens dont il s'agit sont des hommes dangereux. S'ils prennent la chose de travers, je les crois très-capables de me faire un mauvais parti.

— Qu'à cela ne tienne, dit M. de Bonneuil ; le vol doit être réprimé, il le sera ; je vous accompagnerai bien volontiers pour vous prêter main-forte au besoin ; nulle considération ne doit nous faire reculer ; nous ne reculerons pas.

La nuit suivante, en effet, le maire et son garde champêtre, que les voleurs de fumier n'attendaient pas, se trouvèrent en face d'eux à l'improviste. Un procès-verbal fut dressé contre eux, et la civière, qu'ils abandonnèrent en se sauvant, fut saisie comme pièce de conviction. Les malfaiteurs comprirent seulement alors toute la gravité de leur position ; ils ne pouvaient manquer d'avoir affaire au procureur impérial, et de faire plusieurs mois de prison.

Le maire fut assailli de supplications ; M. Robert ne le fut pas moins. Quoique le vol eût été commis à son préjudice, il intervint généreusement en faveur des coupables, en déclarant que, personnellement, il ne porterait pas plainte, et priant instamment M. le maire de ne pas envoyer son procès-verbal au parquet du procureur impérial.

— Vous le voulez, dit M. de Bonneuil, je ne veux pas me montrer plus rigoureux que vous ; mais nous avons affaire à des coquins de profession ; ils recommenceront, et si je les y reprends, il n'y aura pas de grâce, je vous en préviens, et eux aussi.

Ils recommencèrent en effet, et, de plus, ils aggravèrent leur tort en maltraitant cruellement le pauvre garde champêtre qui les avait surpris en flagrant délit de vol de fumier en plein champ, à la faveur de la nuit ; ils espéraient l'intimider par des menaces et des voies de fait, ils se trompaient.

Cette fois, la justice suivit son cours, en dépit des lettres anonymes adressées de la part des coupables à M. de Bonneuil. A l'expiration de leur peine, les libérés revinrent dans la commune avec des projets de vengeance. Le garde champêtre se tint sur ses gardes : il se fit autoriser à porter sur lui des pistolets pour sa défense personnelle ; on le sut, et il ne fut point inquiété. Le maire était trop généralement aimé et estimé dans la commune pour qu'il parût prudent de s'attaquer directement à lui. Ceux qu'il avait fait très-justement punir, et qui néanmoins conservaient contre lui une rancune implacable, consultèrent un de ces hommes de loi tarés et retors qui sont le fléau des campagnes. D'après son conseil, ils s'avisèrent d'aller la nuit répandre, dans les champs dont M. de Bonneuil dirigeait lui-même la culture, des graines de chardon et d'ivraie.

La première année, le maire fut fort étonné de voir cette végétation inattendue de mauvaise herbe, toute de même espèce, envahir et étouffer ses plus beaux froments. Les terres avaient porté l'année précédente des récoltes sarclées, par conséquent, elles n'auraient pas dû contenir de

semences de plantes nuisibles. D'ailleurs, les champs con-
tigus à ceux de M. de Bonneuil étaient exempts d'ivraie et
de chardon ; il y avait là l'indice évident d'une cause secrète, à laquelle la malveillance ne devait pas être étran-
gère. Le garde champêtre recueillit au cabaret quelques
propos de l'un des ennemis de M. de Bonneuil ; ces propos, tenus pendant l'ivresse, n'étaient que trop significa-
tifs. A l'époque des semailles, une surveillance rigoureuse
fut exercée sur les champs emblavés ; l'un des voleurs de
fumier fut arrêté, porteur d'un sac rempli de graines d'i-
vraie et de chardon, qu'il répandait à pleines mains sur
les blés de M. le maire.

Cette fois, le coupable se laissa, sans opposer la moindre
résistance, prendre au collet par le garde champêtre.
Conduit devant le maire, il lui dit avec une impudence
cynique :

— J'ai consulté un avocat sur mon projet de me venger
de vous, de manière ou d'autre, sans me compromettre. Il
m'a dit que le fait de répandre des graines de mauvaise
herbe dans un champ emblavé n'était mentionné dans
aucun texte de loi, et que je pouvais me donner la satisfaction de salir vos terres sans encourir aucune condamnation,
attendu qu'il y a à ce sujet une lacune dans la loi. Mon-
trez-la-moi, vous, monsieur le maire, qui la connaissez si
bien.

— Vous êtes, dit M. de Bonneuil, un misérable pire
que je ne pouvais le supposer ; mais celui que vous avez

consulté, si vous lui avez payé ses bons avis, vous a volé votre argent. A défaut de texte formel punissant un genre de méchanceté que le législateur n'a pas prévu, il y a un article du Code qui porte que, tout tort fait volontairement à autrui doit être réparé. Vous ne niez pas le tort que vous avez fait à mes blés l'année dernière, et que vous venez de renouveler cette année : que va-t-il en résulter ? Vous serez inévitablement condamné à des dommages-intérêts qui dépasseront de beaucoup vos ressources ; tout ce que vous possédez sera saisi, vendu, et pour les sommes dont vous resterez redevable, soit envers moi, soit envers la justice, vous subirez la contrainte par corps. Vous resterez donc longtemps en prison, car personne ne vous prêtera, et où prendrez-vous de quoi vous acquitter ? C'est tout ce que vous aurez gagné à me faire du mal pour me punir d'avoir fait, moi, mon devoir, rien de plus, et encore après que je vous avais fait grâce une première fois. Allez consulter qui vous voudrez, on vous dira que tel est le sort qui vous attend.

Mais les coupables, car les deux frères avaient participé à la même mauvaise action, devaient subir une punition d'un autre genre, à laquelle ils ne s'attendaient pas. Leur odieuse conduite à l'égard de M. de Bonneuil leur attira le mépris et l'animadversion de tout le monde. Nul ne voulait avoir affaire à eux, personne ne leur rendait le salut ; s'ils entraient dans un cabaret, les buveurs se levaient aussitôt et gagnaient la porte ; l'existence dans la commune leur devenait impossible. A tout moment, ils s'attendaient à voir arriver une assignation de la part de M. le maire ; cette assignation ne vint pas ; ce fut M. de Bonneuil qui vint lui-même leur rendre visite.

— Je vous trouve suffisamment punis, dit-il en les abordant, et comme il s'agit ici d'un délit qui n'a fait tort qu'à moi seul, je renonce à toute poursuite en dommages-intérêts que je pourrais exercer contre vous, à la seule condition que vous renoncerez franchement et sincèrement à votre haine mal fondée contre moi, et que vous quitterez le pays, où vous êtes trop mal vus pour pouvoir continuer à y demeurer.

L'offre fut acceptée avec empressement et reconnaissance, et la commune compta deux hommes dangereux de moins. M. de Bonneuil ne les perdit pas de vue ; il eut la satisfaction d'apprendre que la leçon leur avait profité, et qu'ils ne donnaient aucun sujet de plainte dans leur nouvelle résidence.

CHAPITRE VII

— J'espère, disait M. Robert à M. de Bonneuil qu'il venait de rencontrer dans la principale rue du village, j'espère, monsieur le maire, que vous avez lieu d'être satisfait de votre œuvre. On ne reconnaît plus la commune depuis que vous en avez pris en main l'administration ; notre exemple (je devrais dire votre exemple) a si bien porté ses fruits, il a inspiré tant d'émulation aux communes voisines, que, dans peu, notre canton sera cité comme le modèle de tout notre département : plus de tas de fumier devant les maisons ; plus d'ornières fangeuses dans les rues et aux abords du village, plus de bestiaux abandonnés sans gardiens dans les pâturages ; et tout cela, sans autre mobile que la persuasion où nous sommes tous, que vous avez uniquement en vue le bien général, et qu'il est de l'intérêt de tous de se conformer de bonne volonté aux prescriptions et aux bons conseils de M. le maire.

— Toute modestie à part, dit M. de Bonneuil, je ne puis m'empêcher de convenir qu'il y a du vrai dans ce que vous venez de dire là. Et pourtant, mon cher voisin, quand je regarde autour de moi, sans chercher à me faire illusion, que de choses il me reste encore à faire pour que je sois content moi-même de mon administration! Les bras m'en tombent; il me semble que je n'ai encore rien fait du tout. Ainsi, au point de vue de la salubrité publique, il y a du mieux : les tas de fumier ne sont plus sous les fenêtres des habitations, la rue est praticable ou à peu près, les eaux pluviales ne forment plus de mares croupissantes comme précédemment ; mais, depuis qu'il commence à faire chaud, il faut que vous n'ayez pas de nez si votre odorat n'est pas offensé de l'odeur révoltante exhalée par les eaux ménagères, trop peu abondantes pour s'écouler, assez pour pénétrer le sol et empoisonner l'atmosphère. C'est là une cause d'insalubrité que je ne puis plus long-temps tolérer, et à laquelle je vais immédiatement chercher à porter remède. J'ai vainement engagé les habitants à faire placer, ce qui ne leur aurait pas coûté bien cher, des tuyaux de drainage pour conduire les eaux ménagères vers la fosse au fumier, où elles seraient utilisées comme élément de fertilisation, sans nuire à la pureté de l'air.

Mais il y avait à se déranger, à acheter des tuyaux, à les faire poser ; tout le monde m'a promis, personne n'a tenu sa promesse : j'ai compris qu'il fallait y renoncer. Voici ce que j'ai aujourd'hui à proposer au conseil municipal : je céderai à la commune une parcelle de terrain qui m'appartient au sortir du village ; cette cession sera gratuite ; en outre, je fournirai des pierres et du ciment romain. Prenant ainsi sur mon compte la plus forte part de la dépense, je me flatte d'engager la majorité du conseil à adopter le projet d'un égout consistant simplement en un tuyau de drainage d'un fort diamètre, auquel viendraient aboutir d'autres tuyaux plus petits, partant de toutes les cuisines. L'égout amènera par ce moyen la totalité des eaux ménagères dans une citerne pour laquelle j'aurai fourni le terrain et les matériaux ; le contenu de la citerne, si je réussis à faire admettre mon projet, sera une bonne provision d'engrais liquide d'une grande puissance, excellent à répandre sur les prairies naturelles et artificielles, également utile pour la culture du lin, du chanvre et des pommes de terre ; chacun des cultivateurs de la commune ayant participé à la dépense aura droit, à tour de rôle, à se servir de l'engrais liquide contenu dans la citerne. La salubrité du village y gagnera beaucoup, et nous ne commettrons plus la faute, nous qui nous plaignons sans cesse d'avoir trop peu de fumier pour nos cultures, de laisser se perdre un engrais très-actif qui ne nous coûtera que la peine de le recueillir. Qu'en pensez-vous ?

Ce ne fut pas sans peine que M. le maire parvint à rallier à son plan la majorité du conseil communal. Mais, en fin de compte, chacun se dit que M. de Bonneuil y mettait beaucoup du sien, et qu'il donnait de si bonnes raisons en insistant, qu'on ne pouvait décemment le mortifier par un refus. L'égout et la citerne furent construits; ceux qui n'avaient jamais utilisé les eaux ménagères comme engrais liquide furent agréablement surpris en voyant les effets de sa puissance fertilisante.

Comme un habitant aisé, qui exploitait sur le territoire de la commune une carrière de grès pour le pavage, félicitait M. de Bonneuil d'une amélioration qui complétait l'assainissement du village :

— Vraiment, dit M. le maire, vous vous adressez bien mal, et vous prenez bien mal votre temps pour me complimenter sur ma gestion !

— Qu'est-il donc arrivé, monsieur le maire, dit le carrier, qui puisse vous rendre mécontent de vous-même ?

— Il est arrivé un fâcheux accident, dont les conséquences pouvaient être bien plus funestes encore qu'elles ne l'ont été. Un homme en état d'ivresse est tombé dans la carrière de pierres de M. Robert. Je l'avais invité plusieurs fois à y faire mettre des garde-fous; j'avais négligé, et c'est ce que je me reproche amèrement, de faire placer ces barrières d'autorité, comme j'en ai le droit, et comme c'est mon devoir. La carrière étant éloignée de tout chemin fréquenté, je n'imaginais pas qu'un ivrogne égaré irait s'y jeter la tête la première. Le malheureux à qui cet accident est arrivé est dans un état pitoyable; quoique le docteur assure que ses jours ne sont pas en danger, je ne puis me pardonner de n'avoir pas forcé plus tôt les maîtres carriers de la commune à entourer de garde-fous les bords escarpés de leurs carrières. Vous voyez si vous êtes bien venu à me faire des compliments.

Un autre objet de la sollicitude de M. le maire, ce fut de faire disparaître autant que possible les causes qui rendaient les incendies fréquents dans la commune. Les assurances ne pouvaient se faire qu'à un taux assez élevé, parce que la plupart des constructions étaient couvertes en chaume. Quand M. de Bonneuil parla au conseil communal d'interdire ce genre de couverture, et de rendre obligatoires les toits en tuile, il y eut presque un commencement d'émeute. M. de Bonneuil comprit qu'il ne devait pas compromettre son autorité en prenant un arrêté dont il ne pourrait pas obtenir l'exécution; il fit mieux. Il avança quelques fonds à un habitant de la commune qui s'entendit avec le maître d'une tuilerie située à quelques myriamètres de distance. Il prit des tuiles en dépôt, et les offrit au plus bas prix possible aux gens du village qui voulurent les substituer aux dangereux toits de chaume; il leur accorda de plus toutes les facilités de payement qu'ils pouvaient raisonnablement désirer. Peu à peu le nombre des maisons couvertes en chaume diminua sensiblement; quand il n'en resta plus que quelques-unes, les

agents des compagnies d'assurances contre l'incendie
cessèrent de demander des prix excessifs. Presque tous
les petits propriétaires firent assurer leurs bâtiments ;
les autres, attachés plus par habitude que par indi-
gence à la coutume antique de couvrir les maisons en
chaume, se firent tirer l'oreille ; M. le maire, à force
de persévérance, obtint qu'ils exhausseraient leurs cheminées de 1 mètre 50 centimètres au-dessus du niveau
du toit.

— N'est-il pas honteux et déplorable, leur disait M. de
Bonneuil, que je sois forcé de me mettre, pour ainsi dire,
à vos genoux pour vous faire faire une chose si peu coû-
teuse, si nécessaire à votre sécurité ? Vous vous entêtez à
conserver vos toits de chaume qu'une étincelle peut mettre
en flammes, et comme si vous vouliez à plaisir augmenter
les chances de destruction de vos propriétés par l'incendie, vous faites vos cheminées si basses que leur ouver-
ture supérieure dépasse à peine d'un ou deux décimètres
la paille de la toiture ! Ce qui m'étonne, c'est qu'avec un
pareil arrangement, le feu ne prenne pas plus souvent à
vos chaumières ; car, chaque fois que vous allumez dans
vos larges cheminées un feu clair de broussailles ou de
fagots, la flamme peut monter au-dessus de la cheminée,
se rabattre sur la paille du toit et y mettre le feu.

Le plus grand nombre finit par se rendre à ces excel-
lentes raisons, et comme la dépense pour donner aux
cheminées la hauteur voulue n'était pas bien onéreuse, il

n'y eut bientôt plus de cheminées trop basses aux chaumières du village.

Une des habitations où cette amélioration, des plus urgentes, n'avait pas été réalisée, prit feu un soir d'hiver; il fut constaté que l'incendie avait été allumé par des flammèches échappées par le haut de la cheminée et retombées sur la toiture. L'incendie, favorisé par le vent du nord, fit de rapides progrès; mais, grâce à de prompts secours, le dégât fut peu considérable. Un mois après, il n'y avait plus un seul toit de chaume dans le village, et tous les bâtiments étaient assurés au taux ordinaire contre les risques d'incendie.

CHAPITRE VIII

Ce ne fut qu'après avoir mis ordre à d'autres abus qu'il croyait plus urgent de faire cesser, que M. de Bonneuil porta toute son attention sur le mauvais état des chemins dans la commune. M. Robert, en sa qualité de l'un des principaux fermiers du village, étant par cela même l'un des habitants les plus intéressés au bon entretien des chemins, ne cessait de solliciter à ce sujet M. le maire, dont il avait désiré et obtenu l'amitié cordiale.

Patience, disait M. de Bonneuil; faisons chaque chose en son temps. On ne doit jamais mettre en avant l'autorité sans être certain qu'elle ne sera pas forcée de reculer; agir autrement, ce serait commettre une faute qui pourrait avoir pour l'avenir les plus fâcheuses conséquences. Nos chemins ne sont pas bons, c'est vrai; mais, à tout prendre, ils sont passables, ils peuvent attendre, et ils attendront. Songez que pour les remettre tout à fait en bon état et les y maintenir, il faut le concours bienveillant de tous les intéressés : combien y en a-t-il de bonne volonté pour le moment? Quand j'aurai conquis, comme je l'espère, l'entière confiance de tout le monde, quand j'aurai rendu, soit comme maire, soit comme conseiller gratuit de tous ceux qui ont besoin de moi, assez de services pour pouvoir compter sur le bon vouloir de tous mes administrés sans exception, il sera temps de les mettre à l'œuvre pour réparer à fond nos chemins vicinaux, ruraux et privés, et de les rendre aussi bons qu'ils peuvent et doivent l'être. C'est une amélioration qui ne se réaliserait jamais, je le sais bien, si l'on devait compter uniquement pour cela sur les faibles ressources que le conseil communal peut mettre à ma disposition, et sur les prestations en nature. Réclamer aujourd'hui ces prestations, ce serait manquer le but; c'est, je le sais d'avance, à qui fournira son plus mauvais cheval, son tombereau le plus détraqué, et quant aux journées de travail, quel travail, bon Dieu ! J'ai eu le mois dernier huit hommes de corvée pour combler d'urgence une fondrière creusée par un coup d'eau à la suite d'un orage; je les ai mis à la besogne le matin, je suis revenu voir le soir ce qu'ils avaient fait; il a fallu me le montrer, de moi-même je ne l'aurais pas découvert.

Grâce à ce défaut d'intérêt apparent pris par M. de Bonneuil aux chemins de la commune, ils ne tardèrent pas à devenir impraticables. Ceux qui devaient absolument y faire passer une charrette étaient forcés de se détourner en empiétant sur les champs riverains, ce qui donnait lieu à de fréquentes réclamations. Cependant, le temps avait marché.

M. le maire était de mieux en mieux apprécié. Son autorité morale, fondée sur des services continuels, était si solidement établie qu'on ne pouvait rien lui refuser : c'était où il voulait en venir.

Lorsque M. de Bonneuil eut bien démontré aux habitants de la commune ce qu'ils gagneraient à réparer à fond leurs chemins une bonne fois, afin de n'avoir plus à s'en occuper de longtemps, si ce n'est pour de légers soins d'entretien, la chose marcha comme il le souhaitait. L'un fournit à prix réduit les pierres de sa carrière, l'autre fournit l'emplacement pour déposer et préparer les matériaux ; tous, quand ils furent mis en réquisition aux termes de la loi, vinrent avec leurs meilleurs attelages, leurs meilleurs instruments de travail et de transport, et travaillèrent cette fois comme pour eux.

Le bon état des chemins publics, soit ruraux, soit vicinaux, contrastait vivement avec l'état des chemins privés ; mais, sur ceux-là, l'autorité de M. le maire était nulle. Il ne pouvait que donner des conseils, qui n'étaient pas toujours écoutés.

L'une des pièces de terre de la ferme exploitée par M. Robert était traversée par un chemin très-commode, qu'il avait fait faire de concert avec deux de ses voisins; c'était donc un chemin privé. Comme ce chemin épargnait aux gens du village un long détour pour déboucher sur la grande route, M. Robert, d'accord avec les deux autres propriétaires du chemin, avait, par une tolérance tacite, permis à tout le monde d'y passer, ce qui avait fini par le rendre impraticable. M. Robert et ses deux voisins voulaient bien le faire réparer; mais ils demandaient à ceux qui s'en servaient habituellement de contribuer aux frais de son entretien. Or, ceux-ci voulaient bien, eux, se servir d'un chemin qui leur semblait fort commode; ils ne voulaient en aucune manière entendre parler d'aider à le réparer.

On en était là, lorsqu'un beau matin M. le maire vint avec des ouvriers faire poser une barrière à chaque extrémité du chemin dégradé.

— Que faites-vous, monsieur le maire? dit M. Robert qu'on était allé prévenir. Ne m'avez-vous pas déclaré vous-même que, sur un chemin privé, un maire n'a aucune autorité à exercer?

— Je n'en ai aucune en effet, dit M. de Bonneuil; réparez-le ou ne le réparez pas, ce n'est pas mon affaire. Ce qui me regarde, c'est le soin de la sûreté personnelle des habitants de la commune; vous ne pouvez nier que ce soin ne rentre pleinement dans mes attributions? Que vous et vos voisins qui avez fait ce chemin pour votre usage vous

le trouviez assez bon tel qu'il est, je n'ai rien à objecter ;
cassez-y vos charrettes, éreintez-y vos attelages, cela vous
regarde. Moi, je ferme les deux bouts de ce chemin de deux
barrières mobiles, vous n'aurez qu'à les pousser quand
vous voudrez y passer ; je suis dans mon droit, attendu
que ce passage est dangereux, qu'un homme à pied aurait
de la peine à s'en tirer, et qu'un homme à cheval s'y
casserait infailliblement quelque chose. Vous, mon voisin,
et les autres propriétaires de ce chemin privé, lequel dans
son état actuel n'est plus même un chemin, passez-y à cheval, en voiture si vous pouvez, cassez-vous tout ce qu'il
vous plaira, vous voyez que je ne prétends pas vous en empêcher ; je sais que, comme vous dites fort bien, je n'en ai
pas le droit.

— Mais enfin, dit M. Robert, qui voyait bien que le
maire s'amusait à ses dépens, que voulez-vous que nous
fassions ?

— Moi ? je ne veux rien ; je ne puis vouloir quoi que ce
soit dans cette affaire. S'il s'agit d'un simple conseil, je
vous donne celui de faire faire à votre chemin les réparations les plus urgentes, juste ce qu'il en faut pour pouvoir
à la rigueur continuer à vous en servir. Je maintiendrai les
barrières, en vue de la sécurité des passants. Ceux qui ont
le plus souvent besoin de votre chemin se lasseront bien
vite de faire un demi-kilomètre de détour ; ils viendront
d'eux-mêmes vous offrir leur concours pour remettre votre
chemin en bon état ; mes barrières n'ont pas d'autre but.

Dès le lendemain l'affaire était arrangée. Grâce à l'intervention officieuse de M. le maire, l'entretien des chemins privés finit par être exécuté sur le même pied que celui des autres voies de communication de la commune.

— Comprenez-vous, maintenant que tous nos chemins sont en bon état, disait M. de Bonneuil, quels services de bons chemins, praticables en toute saison, rendent à l'agriculture ? Notre canton est, grâce à Dieu, l'un des plus fertiles de toute la France ; longtemps nous avons donné raison au vieux proverbe qui dit : *Bonnes terres, mauvais chemins.* Vous voyez qu'il n'est pas bien difficile de rendre, sans se ruiner, les chemins aussi bons que la terre. Et savez-vous ce que vous y gagnerez si vous voulez ? Au lieu de vos attelages de gros chevaux boulonnais semblables à des éléphants, tellement lourds qu'ils ont déjà assez d'ouvrage à se porter eux-mêmes sans porter ou traîner quoi que ce soit ; au lieu de ces massives et coûteuses *guimbardes*, équipages aussi dispendieux que peu commodes, le bon état des chemins débouchant sur de bonnes routes départementales et sur une route impériale vous permet d'avoir des charrettes plus légères, des attelages moins massifs, et d'en obtenir un aussi bon service que celui de vos colosses boulonnais. Remarquez que vous tenez à ces colosses à quatre jambes bien plus par habitude, un peu aussi par vanité, que par une nécessité réelle. De bons chevaux bretons ou percherons, de taille moyenne, suffisent largement pour les labours et tous les travaux des champs ; le déplorable état des chemins justifiait seul, du moins en partie, votre prédilection pour les énormes chevaux du Ponthieu. Les attelages par lesquels vous pouvez les remplacer, ayant désormais de bons chemins, ne sont pas seulement moins chers et moins voraces ; ils ont en outre le très-grand avantage de pouvoir au besoin être vendus, quand ils ne vous sont plus utiles, pour le service du train d'artillerie ; de sorte que vous n'aurez jamais lieu de garder des chevaux inoccupés à l'écurie, quand vous n'avez pas de travail pour les employer.

Si vous appréciez à leur juste valeur toutes les conséquences de l'état parfait des chemins dans la commune, vous conviendrez avec moi qu'il est de votre intérêt le plus évident de concourir à leur bon entretien, et que vous y seriez obligés pour vous-mêmes, si la loi ne vous en faisait pas un devoir. Croyez bien qu'il n'y a pas pour vous d'argent mieux dépensé, ni de travail plus foncièrement utile et profitable.

CHAPITRE IX

L'une des lois de police rurale le moins rigoureusement exécutées, c'est la loi sur l'échenillage. Dans la commune que M. de Bonneuil avait pris à tâche de remettre tout à fait au pas, cette loi était pour ainsi dire tombée en désuétude ; il y avait plusieurs années que la loi n'avait été affichée et publiée en janvier pour être exécutée en février, comme le prescrivent les règlements. Quand M. le maire exprima l'intention de faire exécuter cette loi comme les autres, et qu'il eut pris ses mesures à cet effet, les habitants lui dirent que les arbres et les haies de la commune étaient si rarement ravagés par les chenilles, que l'échenillage n'avait réellement pas de but.

— Ce n'est pas mon affaire, dit M. de Bonneuil ; j'ai des obligations à remplir, je les remplis. S'il y a peu de chenilles à détruire, tant mieux ; votre besogne en sera plus tôt faite ; mais vous devez la faire, et vous la ferez ; et si vous ne la faites pas, vous subirez les conséquences de votre négligence de manière à vous souvenir pour une autre fois que la loi est la loi, et qu'il faut lui obéir. Parce que depuis plusieurs années vous avez eu peu de chenilles, vous vous figurez que vous n'en aurez jamais davantage ; vous pourriez fort bien vous tromper. Chaque papillon femelle des espèces les plus communes pond en moyenne 3,000 œufs. Qu'il survienne un printemps dont la température soit favorable au développement de cette trop nombreuse postérité des papillons, et pour n'avoir pas échenillé, nous aurons des millions de chenilles qui ne laisseront pas une feuille aux buissons de nos haies et aux arbres de nos vergers. Je me suis mis en règle, tenez-vous pour avertis ; je n'aurai d'indulgence pour aucune contravention à la loi sur l'échenillage, pas plus que je n'en aurais pour des infractions à des lois qui vous semblent beaucoup plus importantes ; quelle que soit la loi, il est toujours très-important que la loi soit respectée.

La première année, peu de gens prirent ces menaces au sérieux ; et l'on ne pratiqua pas l'échenillage avec beaucoup plus de soin que par le passé.

— Que faire ? disait M. Robert à M. de Bonneuil.

— Agir énergiquement et sans retard, dit le maire.

Le délai légal expiré, le maire fit dresser procès-verbal contre ceux qui n'avaient pas échenillé, prit avec lui des ouvriers et fit faire l'échenillage en sa présence, afin d'être certain qu'il était bien fait ; après quoi il envoya aux récalcitrants la note des frais. Le plus grand nombre refusa de payer ; le cas était prévu. Les formalités légales étant remplies à la justice de paix, les contrevenants furent contraints de payer non-seulement les frais, mais encore l'amende qu'ils avaient encourue. L'année suivante, il n'y avait pas, dans tout le département, de commune où les arbres, haies et buissons fussent échenillés avec plus de soin que dans celle dont M. de Bonneuil était maire.

Un travail beaucoup plus long et plus difficile pour lui, ce fut de faire exécuter la loi sur la chasse, et de réprimer efficacement le braconnage. Tout le monde chassait dans la commune, avec ou sans port d'armes, avec ou sans permis de chasse, et comme il ne s'y trouvait parmi les grands propriétaires aucun chasseur assez jaloux de la conservation de son gibier pour attacher une grande importance à sa destruction, le prédécesseur de M. de Bonneuil s'était toujours résigné à fermer les yeux sur cet abus, comme sur une foule d'autres. Ce n'était pas la voie dans laquelle M. le maire entendait marcher. Il avait commencé par remplacer son garde champêtre, qui donnait le mauvais exemple en se livrant avec passion au plaisir de la chasse avant et après le coucher du soleil, bien que la loi, qu'il connaissait mieux que tout autre, ne permette même pas de délivrer un permis de chasse à un garde champêtre, et qu'il ne puisse légalement porter d'autre arme que son briquet d'ordonnance.

Cette destitution ne s'était pas opérée sans difficulté. M. Robert avait intercédé auprès de M. de Bonneuil en faveur du garde champêtre révoqué.

— Pouvez-vous, disait-il, mettre ce pauvre homme dans la misère ? Il est père de famille, et le voilà privé de son emploi pour avoir tué quelques malheureux lapins. J'avoue, monsieur le maire, que je ne vous reconnais pas là ; mais vous êtes chasseur, c'est là sans doute la cause de cet excès de sévérité.

— Ah bah ! dit M. de Bonneuil, on me prête des motifs personnels ? Je vous remercie de m'en avoir prévenu ; à dater de ce jour, je ne chasse plus. J'ai mis à pied mon garde champêtre parce que, lui, le bras droit de l'autorité, la force armée de la commune, ne cessait de contrevenir à la loi, sans égard à mes avertissements réitérés. Ce que vous ne savez pas probablement, c'est que j'ai sollicité et obtenu pour lui le poste vacant de facteur rural, et que je viens de recevoir sa nomination. Puisque vous vous intéressez à lui, portez-la-lui, et dites-lui bien, de ma part, que, sans son obstination à braconner, sa place de garde champêtre lui serait restée. Vous voyez que, sans perte de temps, je me suis mis en quatre pour lui en procurer une autre, et j'ai réussi. Parce que j'ai exigé de cet homme l'accomplissement de ses devoirs, je vous prie de croire, mon voisin, que je n'ai jamais eu la mauvaise pensée de le réduire à la misère, lui et sa nombreuse famille.

Une fois qu'il fut bien établi dans toute la commune que M. le maire avait pour son compte renoncé au plaisir de la chasse, et qu'il était personnellement désintéressé dans la rigueur qu'il déployait pour faire observer la loi, le maire se sentit plus à l'aise, et résolut d'extirper le braconnage radicalement.

— Pourquoi, lui disait à ce propos le garde champêtre, ne refusez-vous pas aux braconniers des permis de port d'armes?

— N'allons pas trop loin, dit M. de Bonneuil ; je ne veux pas dépasser les limites de mes attributions. Ce n'est pas à moi, c'est à M. le préfet qu'il appartient d'accorder ou de refuser les ports d'armes. Mais il m'appartient de délivrer ou de refuser les certificats sur le vu desquels la préfecture fait ou ne fait pas droit aux demandes de port d'armes. Quand je refuse un certificat demandé dans ce but, je motive mon refus, et je communique mes motifs aux intéressés. Il y en a un en ce moment, fort brave homme j'en conviens, mais d'une violence de caractère qu'il ne sait pas maîtriser. Déjà deux fois, il a subi de légères condamnations pour voies de fait et rébellion contre la force armée ; est-il prudent de lui mettre un fusil entre les mains ? Un autre, qui vient d'accomplir sa vingtième année, prétend perdre à la chasse, c'est-à-dire au braconnage, les heures qu'il doit au travail de l'exploitation dirigée par son père. Le fils me réclame un certificat faute duquel il n'aura pas de port d'armes ; le père me prie de refuser le certificat : quel parti dois-je prendre ? Convient-il de me déclarer pour le fils contre le père ? Mon refus n'aura rien d'arbitraire. Si l'on a égard à la préfecture aux motifs de ces refus, nous aurons dans la commune deux braconniers de moins. Quant aux autres braconniers, s'ils ne sont pas contents de moi, ils auront raison ; je n'exige nullement qu'ils soient satisfaits ; il me suffit qu'ils cessent de braconner. Je ne désire qu'une chose, c'est qu'ils renoncent à la passion de la chasse qui les met en opposition permanente avec la loi, souvent aux prises avec les agents de la force publique, et les tranforme finalement et fatalement en malfaiteurs.

Les choses en vinrent au point que les braconniers, espérant intimider M. de Bonneuil, firent arriver à ses oreilles des menaces détournées. Pour couper court à ces tracasseries, il résolut de montrer tant d'énergie que les mécontents fussent réduits à se tenir pour battus.

Muni d'une lanterne sourde, le maire alla s'embusquer dans un de ces petits bois nommés *remises*, parce qu'on les a réservés au milieu des plaines pour remiser le gibier ; il était à peu près certain de prendre sur le fait des jeunes gens du village qui ne se faisaient aucun scrupule de pratiquer la chasse destructive justement prohibée qu'on nomme *traînasse*, et qui consiste à ramasser, à l'aide d'un filet promené sur la surface des champs pendant les nuits obscures, tout le gibier surpris dans son sommeil.

Quatre jeunes gens promenaient la traînasse entre minuit et une heure du matin ; ils avaient déjà fait une ample récolte de perdreaux, lorsqu'à l'extrémité d'un champ, ils se trouvèrent face à face avec M. le maire, qui, démasquant subitement la lanterne cachée sous son manteau, inonda tout à coup de lumière le visage des braconniers, frappés de stupeur.

— Inscrivez les noms de ces messieurs, dit M. de Bonneuil, en les nommant à haute voix à son garde champêtre, dont il s'était fait accompagner. Maintenant, emparez-vous de la traînasse de ces messieurs ; ils auront à s'en expliquer avec M. le procureur impérial. On m'assure, poursuivit le maire, que les braconniers de la commune ont quelque intention de me faire un mauvais parti. Allons, messieurs, profitez de l'occasion ; vous êtes quatre, nous ne sommes que deux, et nous n'avons pour armes que des cannes.

Tant de résolution en imposa aux braconniers ; ils se retirèrent tout penauds, sans oser souffler. Sur les instances de leurs familles, M. de Bonneuil s'abstint de donner suite à cette affaire. On lui en sut un tel gré que, peu à peu, sauf quelques incorrigibles contre lesquels ni les procès-verbaux, ni les confiscations de fusils ne pouvaient rien, le braconnage fut abandonné.

— Vous en êtes venu à votre honneur, disait M. Robert, et, sans vous vanter, vous pouvez bien dire que

l'extirpation du braconnage dans la commune a été la
plus difficile de toutes les besognes que vous ayez entre-
pris de mener à bonne fin.

DEUXIÈME PARTIE

DROIT RURAL

CHAPITRE X

M. Robert était arrivé à la fin du bail de sa ferme ; il y avait fait de bonnes affaires, et ayant des difficultés avec l'intendant de son propriétaire, lequel n'avait jamais de rapports personnels avec ses fermiers, il n'était pas dans l'intention de demander un renouvellement. Il avait en vue une autre exploitation, car il se trouvait trop jeune encore, et il éprouvait un trop grand besoin d'activité pour cesser tout à fait de cultiver, et, d'un autre côté, il ne se regardait pas comme assez riche pour ne cultiver que son propre bien.

— Je viens, comme d'habitude, dit-il un jour à M. de

Bonneuil, vous mettre à contribution pour des conseils, dont j'ai en ce moment le plus urgent besoin. J'ai fait une haute sottise, il y a douze ans, quand j'ai pris la ferme d'où je vais sortir.

— Je parierais, dit en riant M. de Bonneuil, que vous en avez fait plusieurs : de laquelle voulez-vous parler ?

— De celle d'entrer en jouissance de ma ferme sans avoir fait préalablement dresser un état des lieux. Les bâtiments étaient en assez mauvais état, je les ai entretenus de mon mieux ; ils valent assurément mieux qu'ils ne valaient quand j'y suis entré, et M. l'intendant, sous prétexte que l'état des lieux n'a pas été dressé, prétend que j'ai reçu le tout dans le meilleur état possible, et que je dois faire réparer à neuf tous les bâtiments d'exploitation et d'habitation avant de m'en aller. Est-ce que la loi m'en impose l'obligation ?

— Sans aucun doute, mon voisin, dit M. de Bonneuil ; l'intendant connaît la loi, c'est son métier. Il sait que vous ne pouvez, selon la loi, vous prévaloir de la preuve par témoins de l'état où se trouvait la ferme à la sortie du fermier qui vous a précédé. Il n'y a pas de porte de derrière; il faut en passer par là. Seulement, je vous conseille de faire estimer par experts, à l'amiable, la valeur des réparations qu'on vous demande, d'en compter le montant à l'intendant de votre propriétaire, et de n'y plus penser.

— Et, sans être trop curieux, dit M. Robert, que gagnerais-je en suivant votre conseil ?

— Du temps, mon voisin, et, comme disent les Anglais, le temps c'est de l'argent ; et ils s'y connaissent. Ne voyez-vous pas que votre entrée dans une nouvelle exploitation va vous donner des occupations urgentes dont vous ne pourrez que difficilement vous détourner pour surveiller les réparations exigées, si vous les faites faire vous-même? vous serez volé, et l'intendant pourra vous chercher chicane pour la réception des travaux ; tandis que s'il s'en charge avec votre argent, sur estimation, vous n'aurez plus à vous en mêler; de sorte que, même en payant un peu cher, vous y gagnerez. Si j'avais eu, il y a douze ans, l'avantage de vous connaître, je ne vous aurais pas laissé oublier une formalité aussi essentielle que celle d'un état des lieux à votre entrée dans la ferme que vous quittez; je n'ai pas besoin de vous recommander de ne pas l'oublier pour celle que vous allez prendre.

Un autre point fort essentiel, sur lequel j'appelle toute votre attention, c'est de prendre des informations précises sur le propriétaire de votre future exploitation.

— Oh ! pour cela, dit M. Robert, j'ai étudié à fond la nature du sol que je vais avoir à cultiver ; je me suis rendu compte des chances que je puis avoir d'y faire mes affaires convenablement, des clauses et conditions du bail, et, quant au propriétaire, pourvu que je le paye…

— N'en parlez pas si légèrement, dit M. de Bonneuil ; sachez ce qu'il peut être avant de contracter avec lui, ou vous vous en repentirez. Que de désagréments n'avez-vous pas éprouvés dans vos rapports avec l'intendant de votre dernier propriétaire ? L'intendant n'est pourtant point un méchant homme ; il croit de son devoir d'être exigeant envers les fermiers de son patron ; c'en est assez pour qu'il les accable de tracasseries que, pour votre part, vous auriez évitées, si vous aviez tenu à savoir d'avance à qui vous alliez avoir affaire ; ne renouvelez pas la même négligence cette fois, je vous en prie.

M. Robert prit en effet quelques informations auprès du notaire, qui lui dit que son nouveau propriétaire était un homme justement estimé, qui visitait rarement ses propriétés, et habitait Paris en toute saison. M. Robert ne jugea pas à propos d'aller à Paris prendre sur ce sujet des renseignements plus précis ; la ferme lui allait, le prix de location était modéré, et toutes les convenances s'y trouvaient ; il signa le bail et se disposa à s'installer dans sa nouvelle ferme.

— Eh bien, quelle nouvelle du propriétaire ? lui dit M. de Bonneuil, allant lui rendre visite avant son entrée dans sa nouvelle exploitation.

— Je n'en ai pas de bien positives, dit M. Robert ; je sais qu'il ne chasse pas, ce qui me convient fort, et qu'il habite Paris toute l'année ; c'est à peu près tout ce que j'en sais.

— Oui, dit M. de Bonneuil, il habite Paris, et je suis plus avancé que vous : je puis vous dire sa rue et son domicile actuel, si vous désirez le connaître.

— C'est, dit M. Robert, rue du Faubourg Saint-Honoré.

— Du tout, du tout, c'est rue de Clichy, à la prison pour dettes. Vous dites qu'il ne chasse pas, je le crois bien ; c'est lui qui est chassé et pourchassé par ses créanciers, qui vont l'exproprier un de ces matins ; vous semblez l'ignorer, et moi, je suis venu tout exprès pour vous en donner avis ; car la chose me paraît devoir vous intéresser.

— Ah ! dit M. Robert, que m'apprenez-vous là ? Je vois bien que, comme disent les bonnes gens de la commune, on se repent toujours de n'avoir pas suivi vos conseils.

— Que comptez-vous faire ? dit M. de Bonneuil. Il va se passer je ne sais combien de temps maintenant avant que vous puissiez être mis en possession de votre ferme, que le propriétaire actuel, ne devant plus l'être que pour quelques jours, n'est plus à même de vous délivrer. Pendant ce temps, la saison des travaux les plus pressants s'avancera ; vous perdrez un temps précieux, irréparable ; et puis, votre successeur dans votre ferme actuelle va s'installer à votre place : où mettrez-vous vos bestiaux et votre matériel, en attendant que vous ayez une autre ferme ? car, positivement, vous n'entrerez pas immédiatement dans la ferme que vous venez de louer, et ce désagrément ne vous arrivera que pour avoir négligé de savoir d'avance quelle était la position de votre futur propriétaire.

—- Voilà, dit M. Robert, un revers imprévu qui va me

mettre dans un grand embarras. Vous, monsieur, qui donnez à tout le monde de si bons conseils, m'en apportez-vous un pour me tirer d'affaire ?

— Oui, dit M. de Bonneuil; mais à la condition que vous le suivrez cette fois ?

— Ah ! je vous en donne ma parole !

— Eh bien, voici ce qu'il y a, je crois, de mieux à faire. Prenez le chemin de fer sans perdre une minute ; allez trouver à Clichy l'homme à qui vous avez affaire, rendez-lui son bail, et faites-lui signer, séance tenante, la résiliation. Il a bien assez de mauvaises affaires sur les bras sans y ajouter celle-là ; il ne demandera pas mieux que de rompre un engagement qui ne le concerne plus. Vous me direz que ceux qui vont l'exproprier pourraient vous délivrer la ferme, et que votre bail, bien cimenté, est obligatoire pour eux comme pour le propriétaire actuel, si vous l'exigez ; je ne vous le conseille pas. L'expropriation peut faire tomber cette ferme entre les mains de quelqu'un qui ne vous conviendrait sous aucun rapport ; dans tous les cas, c'est l'inconnu, et il faut toujours se méfier de l'inconnu. Tout cela, direz-vous, ne vous empêche pas d'être à la porte, avec votre bétail et tout votre matériel d'exploitation ? Vous n'y serez que si cela vous convient. Je sors de chez le notaire ; il a à vous offrir une ferme vacante, à deux pas d'ici, dont le propriétaire, que je connais, souhaite, sur une recommandation, vous avoir pour fermier. La terre des Grands-Clos vaut celle d'où vous sortez ; elle est de la même contenance, et il n'y a dans les prix de location que des différences insignifiantes : dites encore que je ne m'occupe pas de mes amis ?

— Je vois, dit M. Robert, que jé serai toute ma vie votre obligé ; mais, à la manière dont vous rendez service aux gens, le poids de la reconnaissance qu'on vous doit est facile à porter. La seule chose que je regrette en tout ceci, c'est que je vais ne plus être au nombre de vos administrés ; mais vous me permettrez d'être toujours le plus dévoué de vos amis.

CHAPITRE XI

La commune administrée par M. de Bonneuil était située sur les confins des plaines de grande culture et des vallées de moyenne et de petite culture ; il en résultait que toutes les grandes fermes de la plaine étaient louées par bail à prix d'argent, et que toutes les propriétés de la vallée étaient exploitées par le système de métayage, ou, pour parler comme la loi, du colonage partiaire.

M. de Bonneuil n'approuvait pas, en principe, la tendance générale des cultivateurs de son canton à passer du rang de métayer à celui de fermier à prix d'argent. Je sais bien, leur disait-il, que, devenus fermiers moyennant une somme déterminée, vous vous croyez plus libres, plus indépendants, et vous l'êtes en effet. Mais considérez un peu quelle est l'origine du métayage? Il n'est pas un propriétaire, pour ainsi dire, qui ne préfère recevoir une somme fixe, une fois payée, à tous les embarras que lui donne le partage des produits du sol entre lui et le métayer; s'il agit autrement, c'est qu'en général les cultivateurs auxquels il peut confier l'exploitation de sa terre n'ont pas en leur possession un capital suffisant pour la bien cultiver : il faut bien alors que le propriétaire fournisse la totalité ou tout au moins la moitié du capital d'exploitation en bestiaux et en instruments aratoires. Le métayage est donc, pour le plus grand nombre d'entre vous, une nécessité; il vaut mieux être métayer et bien faire ses affaires, que de vouloir être fermier à prix d'argent, cultivant misérablement, faute de capital. Je conseille à tous ceux qui font sur le terrain d'autrui de la moyenne ou de la petite culture de s'en tenir au métayage, quand ils peuvent avoir affaire à des propriétaires qui ne sont pas étrangers eux-mêmes à la pratique de l'agriculture, et qui sont disposés à se concerter avec eux pour prendre d'un commun accord toutes les mesures qui peuvent servir à développer la force productive du sol, dans leur intérêt commun. Cette solidarité d'intérêts entre celui qui possède la terre et celui qui la cultive est, au fond, le grand avantage du métayage; c'est ce qui me fait juger ce système préférable à tout autre, toutes les fois qu'il peut être mis en pratique dans de bonnes conditions.

A l'époque des renouvellements, un riche propriétaire de la ville voisine, qui possédait dans la commune plusieurs métairies, rendit visite à M. de Bonneuil.

— Monsieur, lui dit-il, j'ai beaucoup entendu parler de vous à la sous-préfecture, et le bien qu'on m'en a dit m'a fait désirer vivement l'avantage d'être connu de vous. Ma visite, d'ailleurs, n'est pas tout à fait désintéressée : j'ai plusieurs métairies à louer, et je prends la liberté de vous consulter, tant sur le mode de location que sur le choix des métayers.

— Mon opinion personnelle, dit M. de Bonneuil, est favorable au métayage, avec de légères modifications dans les usages ordinaires, que je me ferai un plaisir de vous faire connaître. Avant tout, je n'admets pas le métayage par tacite réconduction d'année en année ; je pense que, pour le métayage comme pour le bail à prix d'argent, un écrit est indispensable, sinon par-devant notaire, au moins sous seing privé. On évite par là les inconvénients résultant de l'incertitude de la position du métayer qui peut le disposer à tirer un peu trop à lui. Quant aux conditions, je vous engage à confier vos terres à des métayers actifs et intelligents, mais pauvres, et auxquels vous aurez à fournir la totalité du capital d'exploitation, plutôt qu'à d'autres plus solvables, pouvant se contenter de la moitié des avances, mais négligents, routiniers, peu capables de faire de bonnes affaires, soit pour vous, soit pour eux-mêmes.

— Tout cela, dit M. Dormeil (c'était le nom du propriétaire), me semble très-rationnel, et mes vues à cet égard s'accordent complétement avec les vôtres.

— Je crois, de plus, poursuivit M. de Bonneuil, qu'il ne faut pas vous en tenir trop rigoureusement aux usages du pays quant au mode de culture et à la destination invariable assignée à chaque pièce de terre dont se compose une métairie. Si vous n'avez pas confiance dans le savoir agricole d'un métayer, ne lui louez à aucune condition, vous ferez bien ; si vous croyez à sa capacité, et qu'il vous offre d'ailleurs les garanties désirables quant à l'intégrité et à la bonne conduite, réservez-vous seulement une surveillance qui est votre droit, et laissez-lui un peu ses coudées franches pour adopter le système de culture qu'il aura reconnu le plus avantageux ; vous en profiterez autant que lui. Avec ces deux changements seulement, apportés dans les conditions habituelles du colonage partiaire, vous trouverez ici d'excellents métayers qui augmenteront en même temps votre revenu et la valeur foncière de vos propriétés. Cela vaudra mieux que de les louer toutes à prix d'argent à des cultivateurs qui n'ont pas les moyens de vous payer : ils ruineraient la terre par une culture misérable ; ils se ruineraient eux-mêmes, et vous seriez en définitive forcé d'en revenir au colonage partiaire, après avoir subi des pertes qu'il ne tient qu'à vous d'éviter.

M. Dormeil, grâce aux indications précises que lui fournit M. de Bonneuil, eut à choisir parmi les meilleurs

cultivateurs de la commune, et quand vint l'époque du
partage des fruits du sol, il ne put s'empêcher de témoi-
gner son étonnement d'un résultat si différent de ceux des
années précédentes.

— Cela n'a rien qui doive vous surprendre, lui dit un des
métayers; avant que vous ayez eu l'heureuse idée de faire
vos affaires vous-même, les métayers qui cultivaient vos
terres avaient à traiter avec un régisseur qui, toujours
prévenu de l'idée qu'on cherchait à vous faire du tort, et
n'ayant d'ailleurs que très-peu de connaissances en agriculture, mettait des entraves à toutes les opérations qu'il
ne comprenait pas et dégoûtait les métayers. Vous, monsieur, vous nous donnez autant de facilités pour bien cultiver que votre régisseur cherchait de chicanes à ceux que
nous avons remplacés. Et puis, vous êtes l'ami de M. le
maire; vous nous avez fait, d'après son avis, de bien
meilleures conditions; rien d'étonnant à ce que notre part
et la vôtre, dans le partage équitable des produits du sol,
se trouvent avoir cette année dépassé vos espérances et
les nôtres.

Néanmoins la bonne harmonie fut un moment troublée
entre M. Dormeil et plusieurs de ses métayers, dans une
occasion où il ne fallut rien moins que l'intervention de
M. de Bonneuil pour rétablir la bonne entente sérieusement compromise. M. Dormeil perdit un procès qui durait
depuis nombre d'années, et dont les gens du pays avaient
à peine connaissance. Il s'agissait d'une succession liti-

gieuse entre M. Dormeil et l'un de ses parents qui habitait constamment Paris. Après le jugement définitif, le gagnant se trouva propriétaire de quelques-unes des métairies de M. Dormeil et de diverses pièces de terre faisant partie de quelques autres. Grand émoi dans toute la commune, quand les huissiers vinrent signifier congé aux métayers, les croyant simplement locataires par bail annuel et verbal, selon l'usage du pays. Heureusement M. de Bonneuil avait pris la sage précaution de leur faire délivrer des contrats de métayage par écrit, ce qui les mettait au moins à l'abri d'un brusque renvoi du jour au lendemain. Il commença par rassurer tout le monde, et se mit aussitôt en rapport avec le nouveau propriétaire, qui, sur les bons témoignages de M. de Bonneuil, conserva tous les métayers, après avoir reconnu qu'il n'en saurait trouver de meilleurs. Il ne restait à régler que les indemnités dues aux métayers dont, par la perte du procès de M. Dormeil, les métairies se trouvaient réduites à la moitié ou au tiers de leur étendue précédente. Le propriétaire évincé, de très-mauvaise humeur, comme tout individu qui perd définitivement un procès longtemps disputé, croyait ne rien devoir aux réclamants.

— Qu'ils s'adressent, disait-il, à mon heureux adversaire; qu'il s'arrange avec eux, puisque c'est lui maintenant qui possède ce que j'ai si longtemps regardé comme à moi; je ne donnerai pas un centime.

— Ne vous laissez pas contraindre, lui dit M. de Bonneuil, à remplir une obligation à laquelle vous ne pouvez vous soustraire. Les réclamants sont pleinement dans leur droit : leur ayant loué sous forme de colonage partiaire, vous leur devez garantir la possession de la jouissance de l'objet loué ; que ce soit par bail à prix d'argent ou par métayage, la loi n'en fait pas la distinction ; ils supportent un dommage par votre fait ; ils sont troublés dans leur exploitation ; c'est à vous, non à d'autres, à les désintéresser. Si vous attendez que la justice vous y contraigne, vous aurez de plus à supporter des frais et des ennuis ; vous devriez bien pourtant être dégoûté des procès ! Chargez-moi de régler cette affaire ; les intéressés ont pleine confiance en moi, ils ne pourront élever de prétentions exagérées, et vous en serez quitte aux moindres frais possibles.

M. Dormeil accepta l'offre de M. de Bonneuil, et comme il était riche, le premier moment de mauvaise humeur passé, il ne se fit pas prier pour indemniser les métayers partiellement évincés, qui demeurèrent une fois de plus persuadés que rien n'était impossible, une fois que M. le maire voulait bien s'en mêler.

CHAPITRE XII

Quand les conseils de M. de Bonneuil n'étaient pas suivis, et que ceux qui avaient négligé d'y avoir égard subissaient les conséquences de leur entêtement et de leur présomption, il n'en était pas moins disposé à venir en aide à ceux qu'il voyait dans l'embarras, même quand ils s'y étaient mis par leur faute.

— Vous êtes bien bon, lui disait à ce sujet M. Robert, de prendre encore intérêt à ces gens-là ; ah ! comme je les laisserais se dépêtrer tout seuls, si c'était à moi à faire !

— Mon voisin, dit M. de Bonneuil, que diriez-vous du médecin si, quand un malade vient réclamer son assistance, il lui disait : Vous êtes malade par votre faute, tant pis pour vous, je ne veux pas vous traiter ? Ce serait assurément son devoir de soigner le malade, sans s'informer, avant d'entreprendre de le guérir, si c'est ou non par sa faute qu'il est tombé malade. Eh bien , moi, je regarde comme de mon devoir de prêter assistance à tous ceux à qui je puis être utile, sans rechercher si c'est ou si ce n'est pas par leur faute qu'ils se sont mis dans le cas de recourir à moi.

—Ainsi vous ferez des pas et démarches pour André Lefranc, qui a, contre votre avis formel, donné en cheptel à son cousin Louis des bestiaux d'une valeur importante sans en faire la notification au propriétaire, et qui va perdre tout ce bétail, parce que son cousin Louis a fait de mauvaises affaires, que son matériel agricole est saisi, et que le droit du propriétaire pour le recouvrement de ses loyers s'étend sur tout le bétail qui garnit la ferme, quand le cheptel ne lui a pas été notifié avant son introduction dans l'exploitation ?

— Assurément, dit M. de Bonneuil. Ce n'est pas parce qu'André n'a pas voulu m'écouter que je le laisserai dans la peine, surtout quand je suis à peu près certain de l'en tirer.

— Pour mon instruction, dit M. Robert, obligez-moi de me dire sur quoi se fonde votre espérance?

— Sur la mauvaise foi du propriétaire. J'espère prouver, par témoins dignes de foi, que quand, pour retarder sa ruine, Louis Lefranc a pris à titre de cheptel une partie

du bétail de son cousin André, quoique le contrat de cheptel n'ait pas été officiellement notifié au propriétaire selon
les prescriptions de la loi, ledit propriétaire avait connaissance de ce contrat. Or, devant les juges, un homme qui,
pour ne rien perdre de ses loyers, comprend dans une
saisie des bestiaux qu'il sait ne pas appartenir à son créancier, est d'une mauvaise foi manifeste, et il y a lieu d'espérer que le tribunal lui fera rendre à André son cheptel
déloyalement saisi.

En effet, M. de Bonneuil déploya tant d'activité dans
cette affaire, qu'il réunit bientôt des témoignages irrécusa-
bles constatant que le propriétaire avait eu parfaite connaissance du contrat de cheptel avant la réalisation de ce
contrat ; cette exception fut admise par le tribunal, et André Lefranc recouvra tous ses bestiaux. M. de Bonneuil
n'eut pas le mauvais goût de prendre occasion du gain de
son procès pour lui adresser des remontrances ; il se con-
tenta de lui dire, lorsqu'André vint le remercier :

— Il y a quelqu'un d'aussi content que vous du gain de
votre procès, et ce quelqu'un, mon ami, c'est moi.

Louis Lefranc, à peu près ruiné, conservait cependant
une bonne réputation d'honnête homme et d'habile cultivateur. Décidé à rentrer dans la classe des manœuvres
travaillant à la journée, s'il ne trouvait pas d'autres
moyens d'existence, il n'acceptait néanmoins cette condition que faute de mieux. Il s'estima donc très-heureux
qu'un habitant de la commune vînt lui confier une métairie

avec le matériel et le cheptel nécessaires pour la bien exploiter. Il allait signer les yeux fermés le bail de métayage, quand sa femme s'y opposa et demanda quelques jours de réflexion.

— Pourquoi, lui dit son mari, ne pas saisir avec empressement l'occasion inespérée qui s'offre à moi de rétablir nos affaires ?

— Je ne la rejette pas cette occasion, dit sa femme ; mais nous venons d'être ruinés par de mauvaises récoltes, des pertes de bestiaux par maladies, des faillites de meuniers, toutes choses que nous ne pouvions ni prévoir, ni empêcher. Nous devons regarder comme un très-grand bonheur d'avoir pu payer tout le monde, et de sortir d'affaire n'ayant rien, ne devant rien ; n'allons pas, par imprudence, nous replonger dans l'embarras. Tu n'as jamais été métayer ; si tu m'en crois, nous montrerons à M. le maire le projet de contrat de métayage avant de rien conclure ; s'il le trouve bon, tu le signeras ; s'il ne vaut rien, tu profiteras de ses observations, et au moins tu sauras ce que tu veux faire.

Quand M. de Bonneuil eut pris connaissance du bail de métayage que lui soumit Louis Lefranc :

— Ne signez pas cela, lui dit-il. Le propriétaire, parce que vous n'avez rien, et qu'il doit conséquemment faire toutes les avances, prétend avoir au delà de la moitié des produits. Il ignore probablement qu'une pareille clause est nulle de plein droit devant la loi.

— Il me semble, dit Lefranc, que si je me soumets à cette condition, cela ne devrait regarder personne, excepté mon propriétaire et moi.

— Je vous demande pardon, dit M. de Bonneuil. Le législateur, en ce qui concerne le contrat de métayage en général et le cheptel en particulier, n'a pas cru devoir respecter entièrement la liberté des conventions qui est de principe en toute autre matière ; il a prévu que, trop souvent, le métayer se trouverait, comme vous en ce moment, dans une situation qui le disposerait à accepter de trop dures conditions. Dans le projet que vous me soumettez, le propriétaire stipule que si, par cas fortuit et sans qu'il y ait de votre faute, tout le bétail donné par lui en cheptel venait à périr, c'est vous seul qui supporteriez toute la perte ; c'est une clause inique, interdite par la loi ; vous ne pouvez pas légalement être tenu à supporter dans la perte une part plus grande que celle qui vous est allouée dans le profit. Il y en a une autre également nulle ; c'est celle par laquelle le propriétaire prétend, à l'expiration du contrat, prélever, en cas de succès, un cheptel plus considérable que celui qu'il a fourni. Quand je dis que ces clauses sont nulles, cela veut dire qu'il ne tiendra qu'à vous, même après les avoir signées, de ne plus les tenir ; mais c'est une chose qui doit toujours répugner à un honnête homme, quand il a fait la sottise de souscrire imprudemment à des conditions onéreuses ; tout en regrettant son imprévoyance, et quoique la loi l'autorise à ne pas tenir ses engagements, il les tient, et il se ruine. Il vaut cent fois mieux rester comme vous êtes, travailler pour vivre en attendant une meilleure occasion, que de devenir métayer à des conditions désastreuses, et puis, le seul fait de vous avoir proposé de pareilles conditions établit contre le propriétaire une présomption d'indélicatesse qui doit vous inspirer peu d'empressement à faire affaire avec lui. J'en conclus que, pour peu que vous attendiez, vous trouverez aisément une métairie dans les conditions ordinaires, un cheptel aux conditions légales du cheptel simple, c'est-à-dire le travail et le lait pour vous, le croît et la laine par moitié, et, à l'expiration du contrat, parts égales dans le profit ou dans la perte, s'il y en a.

Louis Lefranc remercia M. de Bonneuil de ses bons conseils ; il remercia aussi sa femme de lui avoir fait prendre l'avis de M. le maire. Il n'y eut de désappointé que le propriétaire de la métairie, qui, ne connaissant pas la loi, avait cru pouvoir abuser de la position de Lefranc pour lui laisser, comme on dit, trop peu pour vivre, trop pour mourir, et s'approprier en entier le fruit de son travail. Son projet ayant échoué, il vint à son tour prier M. de Bonneuil de modifier le contrat de métayage et de cheptel comme il l'entendrait, trouvant que, même aux conditions ordinaires, il aurait encore du bénéfice à confier sa métairie à un homme capable et intelligent. Mais il venait trop tard ; M. de Bonneuil avait trouvé pour Louis Lefranc une métairie pourvue d'un cheptel complet, aux conditions les plus favorables possibles ; Lefranc avait devant lui la perspective de rétablir ses affaires et de reconquérir par le travail un peu d'aisance, qui devait lui sembler d'autant meilleure qu'il aurait, pour la ressaisir, passé par de plus sévères épreuves.

CHAPITRE XIII

Au bout de quelques années, le métayer Louis Lefranc se retrouvait dans une certaine aisance relative ; il aspirait à changer sa condition de métayer contre celle de fermier à prix d'argent, qu'il avait si longtemps occupée. Il alla sur ce projet prendre conseil de M. de Bonneuil.

— Prenez bien garde à ce que vous allez faire, lui dit celui-ci ; il vaut mieux être un métayer à son aise qu'un fermier gêné ; est-ce que vous avez à vous plaindre de votre propriétaire ?

— En aucune façon, monsieur ; mon propriétaire est un très-brave homme, satisfait de ma manière de cultiver, comme je le suis de ses bons procédés à mon égard. Seulement, il se fait vieux ; il lui conviendrait de recevoir un revenu fixe et de ne plus se mêler d'aucun détail, tout comme il me conviendrait, à moi, de rentrer dans mon ancienne position. Ce que je viens vous demander, c'est comment je dois m'arranger quant à mon bétail; je dis mon, et précisément il n'est pas à moi, et c'est ce qui me rend indécis. J'ai bien à moi mes instruments aratoires, mes attelages, mes provisions, et assez d'argent devant moi pour remplir très-aisément mes engagements, si je prenais à ferme ma métairie. Il ne me manquerait que des bestiaux; si j'en achetais, il ne me resterait plus de fonds pour exploiter, et tout irait de travers. Y a-t-il moyen de tourner cette difficulté? Je suis sûr que s'il y en a un, vous me le direz, ou personne ne me le dira.

— Puisque votre propriétaire et vous vous êtes d'accord, il n'y a qu'une seule chose à faire, c'est de changer votre cheptel à moitié en cheptel de fer. Vous conserverez ainsi, dans des conditions nouvelles et meilleures, le bétail que vous tenez dès à présent en cheptel à moitié. Vous le garderez dans des conditions nouvelles, mieux en rapport avec votre changement de position.

— Apparemment, monsieur, dit Lefranc, ce que vous nommez le cheptel de fer n'est pas une chose usitée dans le pays; car voilà la première fois que j'en entends parler, et j'ignore entièrement ce que c'est.

— Je vais vous l'expliquer, dit M. de Bonneuil, et vous le comprendrez facilement. Réduit à sa plus simple expression, le cheptel de fer, dont le nom paraît être la contraction de *cheptel de ferme*, est un certain nombre de bestiaux que le propriétaire confie au fermier entrant, et que celui-ci reçoit à ses risques et périls, sur estimation, en prenant possession de la ferme. A l'expiration du bail, il y a une estimation nouvelle; si le cheptel vaut plus qu'au début, le fermier ne doit toujours rendre que ce qu'il a reçu : la plus-value est pour lui ; si le cheptel vaut moins, le fermier tient compte au propriétaire de sa diminution de valeur. C'est donc un capital vivant confié au fermier pour faciliter son exploitation, et dont il ne paye pas d'intérêt ; car, dans les conditions du cheptel de fer, tous les produits des bestiaux donnés en cheptel sont pour le fermier; le propriétaire n'a rien à y prétendre; il n'y perd rien, parce qu'il loue ses terres à un prix qui couvre l'intérêt du capital représenté par le cheptel de fer.

— Est-ce que ces conditions, dit Lefranc, sont de rigueur, et ne peut-on pas les modifier par des conventions particulières?

— On le peut, dit M. de Bonneuil, et même la loi laisse à cet égard toute latitude aux deux parties contractantes. Ainsi, quand rien de spécial n'a été stipulé, s'il arrive que, pendant la durée du bail, le bétail donné en cheptel de fer ait péri en entier, le fermier, à l'expiration du bail, doit le remplacer intégralement ; mais on peut convenir du contraire.

— Monsieur, dit Lefranc, quand j'ai pris ma métairie, je me souviens toujours avec reconnaissance que vous m'avez empêché d'en prendre une autre, et qu'à cette occasion vous m'avez fait remarquer que la loi défend, dans le cheptel à moitié, toute clause ayant pour but d'imposer au métayer des conditions trop onéreuses ; expliquez-moi, je vous prie, comment des conditions de ce genre, défendues quant au cheptel simple et au cheptel par moitié, sont permises pour le cheptel de fer ?

— C'est, dit M. de Bonneuil, par des motifs parfaitement fondés. La liberté pleine et entière dans les transactions entre le propriétaire du sol et celui qui le cultive, c'est le droit commun ; la loi ne s'en mêle pas toutes les fois qu'il s'agit d'arrangements à prendre pour le fermage à prix d'argent. Elle intervient par exception pour interdire certaines dispositions préjudiciables au métayer, par le motif que le métayer, presque toujours privé de ressources financières, est supposé être, en quelque sorte, à la discrétion du propriétaire. La loi laisse le droit commun suivre son effet pour le cheptel de fer, parce que ce genre de cheptel n'est possible qu'entre le propriétaire et le fermier à prix d'argent ; elle suppose que le cultivateur, assez aisé pour prendre une ferme à loyer, est à l'égard du propriétaire sur le pied de l'égalité, qu'il peut défendre ses intérêts et n'a pas besoin d'une protection exceptionnelle. Cette différence ne peut échapper à personne.

— Ainsi, monsieur, dit Louis Lefranc, vous pensez qu'en recevant à titre de cheptel de fer le bétail qui garnit actuellement ma métairie, et que je tiens à titre de cheptel à moitié, je puis me trouver en mesure de convertir mon contrat de métayage en fermage à prix d'argent, comme mon propriétaire le désire ainsi que moi?

— Cela se peut assurément, dit M. de Bonneuil; mais je ne puis trop vous le répéter, réfléchissez bien avant de conclure. Quel prix vous demande votre propriétaire?

— Il m'a dit de lui faire mon offre, et que, pour peu qu'elle fût raisonnable, il était disposé à l'accepter.

— Et combien pensez-vous lui offrir?

— 650 à 700 francs : c'est ce que j'en puis donner pour faire convenablement mes affaires et payer régulièrement mon loyer.

— A combien estimez-vous la valeur de votre bétail?

— A 3,000 francs environ.

— Alors ajoutez à 650 francs 150 autres francs, valeur de l'intérêt à 5 pour 100 du capital représenté par votre cheptel, vous aurez un total de 800 francs. C'est ce que vaut votre métairie prise par vous à bail à prix d'argent, garnie, à titre de cheptel de fer, du bétail que vous n'avez pas le moyen d'acheter. J'appelle toute votre attention sur l'étendue des obligations que vous impose l'acceptation d'un cheptel de fer. Vous êtes prévenu qu'à l'expiration du bail, si le bétail donné en cheptel par le propriétaire a dépéri entre vos mains, vous aurez à en payer intégralement la valeur. Sachez de plus que, pour le recouvrement de cette valeur, la loi permet au propriétaire d'exercer contre vous la contrainte par corps, de sorte que, dans le cas où vous ne pourriez payer, vous iriez en prison pour dettes, absolument comme si vous aviez souscrit une lettre de change qui n'aurait pas été payée à l'échéance.

— Je ne puis trop, dit Lefranc, vous remercier de ces utiles avis sur tant de points essentiels auxquels, de moi-même, je n'aurais pas pensé. Mais est-ce que je ne pour-rai, à l'expiration du bail, conserver le bétail que j'aurai tenu en cheptel de fer, en payant au propriétaire la valeur de son cheptel, d'après l'estimation primitive ?

— Non, dit M. de Bonneuil. Cette possibilité de rachat ne fait pas partie des conditions légales du cheptel de fer. Une nouvelle estimation à la fin du bail est de rigueur, au contraire, afin que le fermier retienne la plus-value s'il y en a, ou tienne compte au propriétaire du dépéris-sement. Mais si cela vous convient également à tous les deux, rien ne vous empêche de faire de ce point l'objet d'une convention particulière entre votre propriétaire et vous, et d'acquérir par là la facilité de devenir acquéreur de votre cheptel, en remboursant le prix de la première estimation. Pourquoi tenez-vous particulièrement à cette clause ?

— Parce que mon propriétaire, étant fort âgé, ne con-sent, dans tous les cas, à m'accorder qu'un bail assez court ; il ne veut pas, dit-il, engager ses héritiers, qui pourraient vouloir cultiver eux-mêmes leur propre bien. Avec cette perspective, vous comprenez, monsieur, qu'il me serait agréable d'emmener en m'en allant tout mon bétail, en en payant un prix connu et déterminé d'avance. Mais il y a longtemps que j'abuse de votre loisir ; je fais, au reste, un peu comme tout le monde du pays et des environs, et il faut être vous pour ne pas vous en lasser !

— Mon ami, dit M. de Bonneuil, ceux qui comme moi n'ont pas de travail obligatoire, s'occupent à n'importe quoi pour tuer le temps ; moi, je ne connais pas de manière plus agréable de tuer le temps que de rendre service quand j'en rencontre l'occasion ; si bien que quand je ne la rencontre pas, je la cherche.

CHAPITRE XIV

— C'est encore moi, dit le bonhomme Lucas à **M.** de Bonneuil, qui viens vous consulter au sujet d'une proposition que me fait un de mes voisins ; mais vous alliez sortir, je vous dérange peut-être ?

— Vous savez qu'on ne me dérange jamais, dit **M.** de Bonneuil. Vous, en particulier, votre visite, loin de me déranger, m'arrange ; car j'allais diriger ma promenade de votre côté : j'ai aussi, de la part de quelqu'un, une proposition à vous faire.

— Alors, dit Lucas, parlez le premier, monsieur le maire ; je vous conterai mon affaire ensuite.

— Il s'agit, dit **M.** de Bonneuil, d'introduire quelque

chose de nouveau dans les usages du pays, chose à laquelle la plupart des gens de la commune tiennent avec tant d'obstination, qu'ils croient commettre un gros péché en y dérogeant.

— Dame, monsieur le maire, dit Lucas, on tient aux usages du pays, parce que nos pères et nos grands-pères les ont toujours suivis, et qu'ils sont bien anciens, tout de même !

— Vous ne réfléchissez pas à une chose, mon ami, c'est qu'en agriculture, comme en tout, il n'y a rien d'ancien qui n'ait commencé par être nouveau. J'avais compté, peut-être me suis-je trompé, trouver en vous moins de préjugés et plus de jugement que chez beaucoup d'autres, ce qui m'avait fait espérer qu'une chose nouvelle dans le pays ne vous ferait pas peur ; je viens au fait. Un habitant d'une commune voisine vient d'hériter de plusieurs hectares de fort belles prairies ; il s'est empressé d'acheter un nombre de vaches en rapport avec le produit présumé de sa nouvelle propriété ; mais un parent a contesté l'héritage et intenté un procès déjà gagné en première instance. Le perdant, homme riche et entêté, continue le procès ; cela peut être long, et, dans l'incertitude où il est quant au résultat, n'étant pas mis en possession des prairies objet du litige, le gagnant reste avec plus de vaches qu'il ne peut en nourrir. Pourtant, comme elles sont fort belles, bonnes laitières, et qu'il en retrouverait difficilement de pareilles, ne voulant pas les vendre, voici ce qu'il propose. Il donnerait volontiers ses vaches à divers cultivateurs, à vous, par exemple, aux conditions suivantes : Vous auriez à nourrir deux, trois, quatre vaches, ou un plus grand nombre, selon vos ressources, et vous les soigneriez en bon père de famille ; le fumier et le lait seraient pour vous ; les veaux seraient pour le propriétaire des vaches, à la condition que vous les laisseriez teter le lait de leur mère pendant quatre semaines. Que dites-vous de la proposition ?

— Je dis, monsieur le maire, répondit Lucas, qu'il y a lieu de réfléchir sur une semblable proposition. Elle me paraît acceptable au premier aperçu. Pour combien de temps le propriétaire des vaches entendrait-il me les laisser ?

— Ce serait une chose à convenir entre vous. Il est clair que si rien n'était stipulé à ce sujet, et que l'un des deux contractants fût de mauvaise foi, l'autre pourrait être dupe : c'est ce qui aurait lieu si, par exemple, le propriétaire vous reprenait ses vaches en même temps que leurs veaux ; car alors vous les auriez nourries quand elles ne donnaient pas de lait, dans l'espoir de vous dédommager quand elles seraient en plein lait, après le sevrage des veaux, et cet espoir serait trompé. De même si, de votre côté, vous alliez rendre les vaches pleines, quand elles commencent à *ameiller*, comme on dit vulgairement, c'est-à-dire quand elles perdent leur lait longtemps avant de donner leur veau, vous mettriez le propriétaire dans un grand embarras. Entre gens de bonne foi, au contraire, cet arrangement, qu'on nomme cheptel de vaches, bien que ce ne soit pas un véritable cheptel, peut être conclu à l'avantage des deux parties. L'époque à laquelle les veaux doivent naître étant facile à calculer, on peut convenir que les vaches ne seront ni reprises par le propriétaire avant que, par leur lait, elles aient convenablement payé leur nourriture, ni rendues par le preneur avant que leur veau puisse être sevré.

— Et les risques, dit Lucas, qui est-ce qui doit les supporter ?

— Le propriétaire seul ; car il ne se dessaisit pas réellement de ses vaches ; il ne les donne même pas en location, de sorte qu'il n'y a pas véritablement cheptel ; c'est donc à lui seul à supporter les pertes, s'il en survient : il n'a fait que mettre en pension, pour les faire nourrir, des vaches qui ne cessent pas de lui appartenir à lui seul, et dont celui qui les nourrit ne saurait être responsable.

— Tout cela, monsieur, dit Lucas, me semble raisonnable. J'ai du fourrage de quoi nourrir trois vaches ; je n'en ai qu'une, de sorte que je vends une partie de mes fourrages. J'aime mieux n'en plus vendre et prendre deux vaches de plus, aux conditions que vous venez de m'expliquer ; j'aurai plus de fumier pour mes champs, et je crois bien qu'avec l'arrangement proposé, je n'y mettrai pas du mien.

— Voilà, dit M. de Bonneuil, une affaire à peu près arrangée. Demain, je viendrai vous prendre pour aller voir

les vaches en question et entrer en pourparler avec le propriétaire ; je lui ai déjà dit que vous aviez une bonne étable pour loger ses vaches, s'il s'arrangeait avec vous, et
que vous en auriez soin comme si elles vous appartenaient.
Mais vous étiez venu pour me parler d'une autre affaire ;
celle-ci étant conclue, ou à peu près, je vous écoute.

— Monsieur, dit Lucas, c'est une drôle d'offre tout de
même qu'est venu me faire Prosper, l'ancien marchand de
laines ! Depuis qu'il ne fait plus son commerce, il s'est mis
à élever des mouches à miel, et il faut croire qu'il s'y entend assez, puisque, d'une vingtaine de paniers qu'il avait
en commençant, il en a aujourd'hui près de cent. Il m'offre
de m'en donner vingt en cheptel à moitié. Est-ce que cela
se peut ?

— Assurément, dit M. de Bonneuil ; c'est même une
coutume en usage dans une partie du département du Loi-
ret, où l'on élève beaucoup d'abeilles, et où l'on récolte
l'excellent miel connu dans le commerce sous le nom de
miel du Gâtinais. Que trouvez-vous d'étrange à ce que
Prosper, s'il a plus de ruches qu'il n'en peut bien soigner,
et qu'il ne veuille pas en vendre parce qu'il n'en trouve
pas un bon prix, vous les offre en cheptel à moitié ? Avoir
pour vous la moitié du miel, de la cire et des essaims,
c'est un profit tout clair qui ne vous coûtera que bien peu
de peine. Mais savez-vous soigner les abeilles ?

— Non vraiment ! Prosper offre de m'apprendre, et il
m'assure que, quand je serai bien au fait, avec ma part

des essaims produits par les ruches qu'il veut me donner
en cheptel à moitié, je puis en peu d'années me monter
un rucher comme le sien, et m'en faire un très-joli revenu :
est-ce vrai ?

— Il me semble, dit M. de Bonneuil, qu'il n'y a pas
lieu d'en douter. Vous avez autant d'intelligence et d'activité que Prosper ; il offre de vous faire part de ses lumières
en apiculture, et il y est intéressé, puisque ses ruches que
vous devez prendre en cheptel dépériront si vous ne savez
pas les soigner. Vous devez, à mon avis, regarder comme
une véritable bonne fortune l'occasion qui vous est offerte
d'acquérir un talent que vous ne possédez pas, celui de
bien gouverner un rucher, et de vous créer sans déboursé
une nouvelle branche de revenu, faible d'abord, mais qui
peut grossir en quelques années et amener une grande
aisance dans votre ménage. A votre place, je n'hésite-
rais pas.

— A vous dire vrai, monsieur, je n'hésitais pas précisément ; mais d'abord je voulais savoir, avant de conclure,
si, suivant la loi, un contrat de cheptel est valable quand
il a pour objet des abeilles ; ensuite je tenais à avoir votre
opinion, afin de faire plus facilement entendre raison à ma
femme qui n'aime pas les abeilles, parce qu'elle craint
leurs piqûres pour elle-même et pour les enfants.

— Si votre femme peut avoir égard à mon opinion, dit
M. de Bonneuil, dites-lui de ma part qu'elle aurait tort de
repousser, par une crainte puérile, une affaire qui peut

assurer dans un avenir prochain une grande aisance à vos enfants. La loi ne fait aucune exception quant au cheptel ; elle comprend tous les animaux qui peuvent être utiles à l'homme ; les abeilles sont du nombre, sans contredit ; car on peut les mettre au premier rang des animaux les plus utiles dont la bonté de Dieu ait fait présent à l'homme.

CHAPITRE XV

Après avoir, comme il le disait, mis au pas les gens de sa commune en ce qui touche l'observation des lois et règlements de la police rurale, M. de Bonneuil dirigea tous ses efforts contre l'esprit processif des paysans, toujours portés à se croire lésés dans leurs intérêts, et à plaider pour les causes les plus futiles. M. de Bonneuil n'était pas jurisconsulte; il avait seulement, dans le but de diriger ses propres affaires et d'être utile aux autres dans l'occasion, pris ce qu'on peut appeler une teinture du Code; cela lui suffisait, le bon sens aidant, pour concilier bien des gens sur le point d'entamer des procès ruineux, en exerçant bénévolement parmi ses voisins une sorte de justice à la Sancho Pança, laquelle n'est pas toujours la plus mauvaise. Dans la commune, chacun pensait que personne, en fait de connaissance des lois, ne pouvait en remontrer à M. le maire. Il n'en convient pas, disaient ses voisins, mais avant qu'il se soit retiré des affaires pour venir habiter son château, ça doit avoir été un fier avocat !

Aussi M. de Bonneuil, comme tous les gens qu'on sait disposés à rendre service, portait-il la peine de son obligeance ; on venait le déranger à tout instant pour le consulter en matière de droit, et il ne s'en fâchait jamais.

Un de ses voisins vint un jour lui demander si la loi lui donnait droit de revendiquer le prix de six essaims d'abeilles qu'il venait d'acheter, et qui étaient toutes retournées chez le vendeur, sans qu'il en restât à l'acheteur une seule mouche ?

— Ne plaidez pas, dit M. de Bonneuil, vous avez perdu d'avance ; le marchand d'abeilles ne vous doit rien selon la loi, il ne vous doit que selon la conscience, s'il en a ; et sans porter sur son compte de jugement hasardé, je suis porté à croire qu'il en a peu.

— Comment, monsieur, il aurait le droit de garder l'argent et la marchandise ? C'est un peu fort ! Et vous êtes certain que je ne peux pas le faire assigner pour me faire rendre mon argent ?

— Vous pouvez toujours le faire assigner ; vous en serez pour vos frais. Lui, la loi l'autorise à ne rien vous rendre, et il ne vous rendra rien, vous en êtes sûr. Mais permettez-moi de vous faire observer que vous avez commis deux fautes : d'abord celle d'acheter à un homme qui a une réputation méritée de mauvaise foi ; ensuite celle de vous être adressé à un marchand d'abeilles établi à trop peu de distance de votre domicile.

— J'en connais pourtant, dit le plaignant, qui ont acheté des mouches à miel encore plus près de chez eux, et leurs essaims leur sont restés.

— Oui, dit M. de Bonneuil, parce qu'il y avait entre eux et le domicile du vendeur, quoique situé à peu de distance, un bois ou une rivière assez large. L'abeille n'aime point à passer au-dessus d'un bois peuplé d'oiseaux, ses ennemis naturels; elle aime encore moins à voler au-dessus d'une large nappe d'eau, où un coup de vent peut la précipiter. Vous, votre vendeur habite le bourg voisin, à l'autre bout d'une plaine couverte en ce moment de colza, de trèfle incarnat et d'arbres fruitiers, le tout en pleine fleur; la route de vos mouches, pour s'en retourner à leur ancien domicile, est toute tracée. Que cela vous serve de leçon pour une autre fois; cette fois-ci, il n'y a rien à faire, la loi est contre vous.

— Et vous, dit M. de Bonneuil à un autre visiteur qui attendait son tour pour avoir une consultation, en quoi puis-je vous obliger?

— Moi, monsieur le maire, dit le second consultant, c'est aussi pour des mouches que je prends la liberté de vous déranger. Hier, dans la matinée, deux beaux essaims sont venus s'abattre sur un de mes grands poiriers ; je leur ai présenté deux ruches enduites de miel ; les abeilles y sont descendues de leur plein gré ; j'ai ajouté ces deux ruches à mon rucher ; elles paraissent s'y trouver bien, puisqu'elles y restent, et qu'elles ont déjà commencé à travailler. Je me félicitais de cette bonne fortune, quand ne voilà-t-il pas M. Robert, le gros fermier que vous connaissez, qui accourt ce matin tout essoufflé réclamer les deux essaims, prétendant qu'ils sont à lui : qui est-ce qui le prouve ? Le premier venu peut dire que des mouches venant on ne sait d'où sont parties de chez lui et qu'elles lui appartiennent ? Je viens, monsieur le maire, vous demander vos bons avis, décidé à m'en rapporter à vous.

— Très-bien, dit M. de Bonneuil ; allez à la ferme de M. Robert ; dites que vous venez de ma part et que je vous ai prié de m'attendre chez lui ; je vous y rejoindrai dans une heure.

Le second consultant salua et sortit ; le premier se disposait à en faire autant, regardant son affaire comme perdue.

— Restez, lui dit M. de Bonneuil ; la consultation que m'a demandée votre camarade m'a suggéré une idée ; peut-être bien que votre argent n'est pas perdu : venez avec moi.

M. de Bonneuil prit dans un tiroir de son bureau un petit paquet d'une poudre rouge qu'il mit dans la poche de son gilet, puis, accompagné de l'homme auquel il avait donné une lueur d'espérance, il alla chez celui à qui M. Robert redemandait ses deux essaims. La porte du jardin n'était pas fermée. M. de Bonneuil se fit indiquer les ruches des essaims trouvés la veille; il s'en approcha avec précaution, et fit tomber sur celles qui partaient pour aller à la provision quelques grains de la poudre rouge qu'il avait apportée à dessein.

— Maintenant, dit-il, allons chez M. Robert.

Chemin faisant, le paysan dépouillé de ses essaims interrogeait M. de Bonneuil; sa curiosité était vivement excitée, et il ne comprenait pas où M. de Bonneuil voulait en venir.

— Laissez-moi faire, disait celui-ci; vous comprendrez tout à l'heure, et quand vous aurez compris, il ne tiendra qu'à vous d'agir en conséquence.

En arrivant à la ferme de M. Robert, M. de Bonneuil se fit montrer les ruches qui avaient donné la veille les essaims objet de la contestation.

— S'ils sont à vous, dit M. de Bonneuil, c'est ce que nous allons savoir dans un instant, sans discussion possible. Mais, d'abord, souffrez que je vous fasse observer que, selon la loi, les essaims, même quand j'aurai prouvé clairement, comme je crois pouvoir le faire, qu'ils sont partis de votre rucher, sont la propriété sinon légitime, du moins légale de celui sur le terrain duquel ils se sont posés. Le texte est formel, à moins que les essaims n'aient été suivis; avez-vous suivi ceux que vous réclamez?

— Comment aurais-je pu les suivre, dit M. Robert? Ils se sont élevés en l'air à perte de vue, et sont partis, comme on dit, sans donner leur nouvelle adresse. Mais à la même heure, deux essaims sont descendus chez celui qui refuse de me les rendre ; je suis sûr que ce sont les miens.

— C'est probable, dit M. de Bonneuil, et je crois que nous allons en avoir la certitude. Regardez sur la planchette, à la porte des deux ruches qui ont donné leurs essaims hier ; pouvez-vous me dire pourquoi voici des abeilles qui arrivent de la picorée, et dont chacune porte une tache rouge sur le dos ?

— C'est bizarre ! dit M. Robert. C'est la première fois que je remarque du rouge sur mes abeilles ; je ne sais pas du tout d'où cela peut provenir.

— Je le sais bien, moi, dit M. de Bonneuil en déployant le petit paquet de poudre rouge. Voici de la brique pilée ; j'en ai jeté quelques grains sur les abeilles des essaims contestés, au moment où elles sortaient de la ruche ; cela ne pouvait leur faire aucun mal. Je me suis dit que, sur le nombre, quelques-unes auraient l'idée de retourner à leur premier gîte ; c'est en pareil cas ce qui ne manque jamais d'arriver ; vous voyez que je ne me suis pas trompé. Ces quelques abeilles marquées de rouge sont évidemment parties hier de chez vous, sans quoi elles n'auraient pas pensé à y revenir aujourd'hui. Ainsi les essaims réclamés sont bien les vôtres ; mais, je le répète, ils sont, selon la loi, la propriété de celui qui les a recueillis.

— Monsieur Robert, dit le paysan, envoyez ce soir prendre ces deux essaims chez moi ; je reconnais qu'ils sont à vous.

— Voisin, dit M. Robert, on a raison de vous regarder comme un bien honnête homme. Nous allons vider ensemble une bouteille de mon meilleur vin, et vous ne m'en voudrez pas de ma réclamation.

— Comment vous en voudrais-je ? Vous avez fait ce que j'aurais fait à votre place, et moi, je n'ai jamais prétendu garder le bien d'autrui. Mais avouez que nous avons un maire qui est fièrement malin, tout de même ?

— Eh bien, dit M. de Bonneuil à celui qui l'avait consulté le premier, voyez-vous le parti que vous pouvez tirer de ma malice, comme dit votre camarade ?

— Je crois bien que oui, monsieur. Je vais aller acheter un essaim chez mon coquin de vendeur ; je marquerai à la poudre rouge les abeilles à leur sortie, demain matin ; je prendrai des témoins, et quand elles seront retournées chez le marchand, je prouverai que les abeilles viennent de chez moi ; il ne pourra pas nier ; il sera forcé de me les rendre, et je lui ferai restituer en même temps les essaims qu'il m'a vendus l'autre jour et dont les mouches s'en sont retournées chez lui.

— A merveille, dit M. de Bonneuil ; et si vous réussissez, faites-en part à vos voisins et connaissances ; la fraude qui permet au marchand de vendre deux ou trois fois le même essaim ne sera plus possible ; c'est une action louable que de mettre au grand jour la mauvaise foi d'un tel fripon ; tout le monde vous en saura gré.

CHAPITRE XVI

M. Robert avait trouvé tout en assez bon ordre en prenant possession de la ferme des Grands-Clos, et il n'avait eu qu'à se louer d'avoir conclu, sur la parole de M. de Bonneuil, une affaire qui l'avait tiré d'un bien cruel embarras. Mais chaque médaille a son revers dans ce monde : au bout de quelques mois, il lui survint un déluge de petits désagréments; c'étaient des troupeaux qu'on amenait paître sur ses chaumes, sans aucune réciprocité ; des chicanes pour des prises d'eau destinée à l'irrigation, des passages évidemment dus qu'on refusait à ses charrettes et à ses bestiaux; enfin, des empiétements continuels commis par les laboureurs riverains de ses principales pièces de terres arables. Tous ces coups d'épingle commençaient à lasser sa patience, et il songeait sérieusement à aviser aux moyens d'y mettre ordre en consultant M. de Bonneuil. Quant au maire de sa nouvelle commune, il avait reconnu, dès sa première visite, qu'il n'y avait rien à en espérer. C'était un excellent homme, très-riche, généreux pour sa commune toutes les fois qu'on avait besoin de recourir à sa bourse; du reste, âgé, indolent, jaloux par-dessus toute chose de son cher repos : il ne fallait pas penser à l'en faire sortir.

— Il vaut mieux tard que jamais, dit M. de Bonneuil à M. Robert en l'abordant, la première fois qu'il vint le visiter après son changement de domicile. Je vous fais mes excuses de n'être pas encore venu vous voir; ne mettez pas, je vous prie, ce retard sur le compte de l'indifférence; la preuve, c'est que je viens tout exprès pour vous donner un avis salutaire; vous êtes vendu.

— Il paraît, dans tous les cas, dit M. Robert, que si je suis vendu, je ne suis par encore livré, puisque je ne m'en suis pas aperçu.

— La chose est pourtant très-réelle. Appelé par des intérêts sérieux en Allemagne, dans la famille de sa femme, votre propriétaire actuel vend tout ce qu'il possède en France; les Grands-Clos sont vendus, l'acquéreur est un ancien avoué : tenez-vous bien !

— Mes payements sont à jour, dit M. Robert, et il n'y a rien à redire à la tenue de ma ferme, j'ose m'en flatter;

l'ancien avoué sera courtoisement reçu ; il peut venir quand il voudra ; je ne crains rien.

— Vous croyez cela ? dit M. de Bonneuil. Eh bien, moi, votre ami, je me permets de croire tout le contraire.

— Je serais curieux de savoir pourquoi ?

— Rien de plus facile. Avez-vous donné avis en temps utile à l'ancien propriétaire de tous les empiétements commis sur ses droits de propriété ? Je suis bien certain que non.

M. Robert avoua qu'il n'y avait même pas pensé.

— Alors, poursuivit M. de Bonneuil, vous êtes complétement dans votre tort. N'étant pas propriétaire, vous n'avez aucun droit personnel d'exercer des poursuites en votre nom ; mais vous avez, en qualité de locataire, l'obligation d'informer, dans le plus bref délai, le propriétaire de tout acte qui peut être commis par des tiers, pouvant porter atteinte à ses droits de propriété. Dans votre autre ferme, vous n'aviez pas à vous en occuper ; cela regardait l'intendant, lequel habitait la commune et surveillait les choses d'assez près pour ne laisser passer aucune contravention sans en donner avis à son patron et se concerter avec lui sur les mesures à prendre. Ici, c'est différent, et quand l'ancien avoué va voir comment se comportent vos voisins, il ne manquera pas de calculer au plus juste, par francs et centimes, le dommage qui en résulte ; il vous en rendra responsable, et il sera dans son droit ; car, selon la loi, vous êtes responsable, à moins que vous ne puissiez prouver que vous avez donné avis des dégâts en temps utile à l'ancien propriétaire, et c'est ce que vous n'avez pas fait.

— Ah çà! dit M. Robert, il paraît décidément que quand je laisse passer un certain temps sans vous voir, je ne fais que sottises sur sottises. Moi qui, naturellement, aurais tenu à bien débuter avec le nouveau propriétaire de ma ferme, voilà qu'il va commencer par me trouver dans mon tort! Que dois-je faire pour l'empêcher? Conseillez-moi; car, dans les cas embarrassants, c'est toujours à vous que j'ai recours.

—Mettez immédiatement, dit M. de Bonneuil, le garde champêtre en campagne; faites constater et évaluer tous les délits ruraux commis au détriment de votre propriétaire; il sera ici dans quelques jours; je le verrai avant vous; je le préviendrai en votre faveur. Vous lui remettrez alors l'exposé de la situation, en reconnaissant votre négligence et offrant de le dédommager à l'amiable; il est probable que, pourvu que vous promettiez d'être plus vigilant à l'avenir, surtout si vous tenez parole, il ne vous demandera rien du tout.

— Merci mille fois, dit M. Robert, de votre bienveillante intervention; je vais, sans perdre de temps, faire ce que vous me conseillez.

M. Lavédan, l'ancien avoué, vint en effet, à son arrivée dans le pays, rendre sa première visite à M. de Bonneuil, pour lequel il avait des lettres de recommandation. Le premier soin de M. de Bonneuil fut de lui faire l'éloge de son fermier Robert, et cet éloge était mérité, quant à la manière dont il cultivait sa ferme. M. Lavédan, qui possédait des connaissances assez étendues en agriculture, fit avec M. de Bonneuil le tour de ses terres ; la bonne tenue contrastait avec la tenue négligée des domaines voisins. Aussi, en abordant son fermier, s'empressa-t-il de lui dire, quand M. Robert se mit à sa discrétion au sujet des délits dont il n'avait pas donné avis à son prédécesseur :

— Je sais ce dont il s'agit ; n'en parlons pas ; cette concession que je suis heureux de vous faire sera pour vous un témoignage de ma satisfaction pour vos belles cultures, dont je vous fais compliment.

— Vous m'avez tiré une fière épine du pied, dit le lendemain M. Robert à M. de Bonneuil, et vous m'avez mis avec mon nouveau propriétaire dans les meilleurs rapports ; comment reconnaîtrai-je tant de bons offices ?

— Qu'à cela ne tienne, dit M. de Bonneuil ; j'ai beaucoup de pauvres, et vous aurez cette année beaucoup de blé et beaucoup de pommes de terre ; je ne suis pas fier ; je reçois très-volontiers dans la personne de mes pauvres.

M. de Bonneuil trouva dans M. Lavédan une très-agréable connaissance : il lui fit voir en détail les améliorations apportées par lui dans sa commune, le bon état des chemins vicinaux, des bâtiments d'école, du lavoir, la propreté coquette de l'extérieur des maisons, du pavé de la grande rue, des cours de ferme d'où, grâce à un bon système de drainage souterrain, aucun ruisseau infect ne s'écoulait sur la voie publique ; puis il lui exposa, comme à un homme qui entend parfaitement les affaires, ce qu'il avait dû faire pour faire obéir les plus récalcitrants aux règlements de la police rurale, et pour tarir au sein d'une population naturellement querelleuse la source des procès, en se constituant l'avocat consultant de tout le monde.

Quand ils se connurent un peu plus intimement, M. de Bonneuil dit à son nouveau voisin : Vous êtes plus jeune que moi et bien plus au fait des affaires que je ne l'ai jamais été. Le maire de votre commune est accablé par l'âge et à peu près hors de service ; il ne demanderait pas mieux que de donner sa démission ; aujourd'hui que, par la vente de votre étude, vous voilà désœuvré, suivez mon conseil et, je puis ajouter, mon exemple. Votre expérience en affaires me viendra fréquemment en aide ; la confiance que j'ai su inspirer aux gens du pays me permettra, de mon côté, d'aplanir une partie des difficultés que vous rencontrerez inévitablement dans votre administration, si vous entreprenez de mettre votre commune sur un bon pied ; ce sera pour vous un genre d'occupation en harmonie avec vos connaissances et vos habitudes ; ce sera, de plus, une bonne action.

M. Lavédan, que l'ennui commençait à gagner, goûta fort le conseil de M. de Bonneuil ; les habitants de sa commune, à la sollicitation de M. de Bonneuil, pétitionnèrent

pour faire nommer maire M. Lavédan, et, après la démission
du vieillard qui occupait ce poste sans le remplir, sa nomination ne souffrit aucune difficulté. L'exemple de son voisin lui inspira une louable émulation, et le canton compta
un maire capable et dévoué de plus, grâce à M. de Bonneuil.

CHAPITRE XVII

M. Robert vécut plusieurs années dans sa nouvelle ferme, en bonnes relations avec son propriétaire. Il visitait de temps à autre M. de Bonneuil, pour lequel il conservait un attachement sincère, bien qu'il ne fût plus au nombre de ses administrés. La face de ses affaires changea subitement ; M. Lavédan tomba malade et mourut. Celui entre les mains duquel passa la terre dont il était fermier était un dissipateur, qui débuta par lui demander une année de fermages d'avance. M. Robert, qui avait toujours acquitté ses termes à jour fixe, trouva la proposition fort malsonnante ; il refusa net, et le nouveau pro-

priétaire désappointé le menaça de lui chercher toute
espèce de chicanes et de difficultés, s'il persistait dans son
refus. M. Robert ne céda pas ; il vint rendre visite à
M. de Bonneuil, non plus, comme précédemment, pour
passer une heure agréable avec lui, mais bien pour savoir
de lui ce qu'il avait à faire.

— Est-ce que vous étiez gêné quand votre propriétaire
vous a demandé de l'argent d'avance, dit M. de Bonneuil ?

— Pour cela, non ; je lui aurais aussi bien payé deux
ans qu'une année d'avance sans me gêner ; j'ai cru qu'au
début de nos relations, sachant que j'avais affaire à un
joueur, panier percé, toujours affamé d'argent comptant,
ce serait me mettre avec lui sur un mauvais pied que de
le payer d'avance, et, de plus, lui rendre à lui-même un
assez mauvais service que de l'aider à avancer sa ruine.

— Il y a du pour et du contre, dit M. de Bonneuil. En
le contentant, moyennant une quittance en règle et un
escompte raisonnable, vous n'auriez rien perdu, et vous
vous seriez probablement épargné bien des désagréments
qui vont pleuvoir sur vous, par suite de son mauvais vouloir. C'est toujours un état fâcheux pour un fermier que
celui de guerre ouverte avec son propriétaire ; le vôtre
a-t-il déjà commencé les hostilités ?

— Oui, vraiment ! Les grandes eaux ayant fortement
endommagé la prise d'eau de mes prairies irriguées, et
les derniers orages ayant fait envoler une partie des tuiles

du toit de la bergerie, il ne veut faire faire ni l'une ni l'autre de ces réparations, de sorte qu'il pleut sur mes moutons et que mes prés irrigables sont à sec. Il me semble qu'il y a là, si je m'y connais, trouble dans la possession de la chose louée ; je ne puis pas laisser les choses en cet état, d'autant plus que moi, pour ma part, je me sens inattaquable quant à l'exécution de mes obligations comme fermier, et que je suis en présence d'un homme qui systématiquement refuse de remplir les siennes, pour me pousser à bout.

— Cela étant, dit M. de Bonneuil, il serait superflu de tenter les voies de conciliation ; faites-le assigner devant le juge de paix.

— Il s'agit, dit M. Robert, de réparations d'une valeur qui dépasse de beaucoup la compétence du juge de paix.

— N'importe ; c'est toujours à lui que vous devez vous adresser en premier lieu ; le juge de paix peut statuer dans toute contestation entre propriétaire et locataire, quel que soit le chiffre de la valeur des objets de la réclamation. Prévenez-moi du jour de l'audiencé ; j'y serai avec vous, nous verrons s'il consentira à s'exécuter. Sachons d'abord avec précision ce que vous avez à lui demander.

— C'est précisément pour avoir votre avis à ce sujet que je viens vous consulter.

— Je pense, dit M. de Bonneuil, qu'il ne faut pas lui

demander des réparations qu'il promettrait et qu'il ne ferait pas, étant toujours à court d'argent. Il faut offrir de faire les réparations pour son compte, demander une indemnité à raison des dommages soufferts, et retenir le tout par quart sur les quatre termes de vos fermages de l'année courante ; c'est ce qui me semble le plus rationnel et surtout le plus praticable avec l'homme à qui nous avons affaire. Je dis nous, bien que la chose ne me concerne pas personnellement, parce que j'identifie vos intérêts avec les miens. Vous pourriez, pour trouble dans la possession de la chose louée, demander la résiliation du bail ; mais, d'une part, l'objet de la réclamation ne me paraît pas en valoir la peine ; de l'autre, dans ce cas, le litige dépasserait la compétence du juge de paix ; ce serait un procès à intenter devant le tribunal de première instance ; c'est une extrémité fâcheuse, à laquelle il sera toujours temps d'avoir recours quand il n'y aura pas moyen de faire autrement. Pour le moment, en suivant la marche que je vous indique, il ne s'agira que de régler le chiffre d'une indemnité ; et si le principe de l'indemnité en elle-même n'est pas contesté, quelle que soit la somme, le juge de paix sera compétent pour la déterminer.

A l'audience, le propriétaire, interpellé sur la question de savoir s'il reconnaissait le droit du fermier à réclamer une indemnité, répondit qu'il contestait formellement le droit de son fermier.

M. Robert, troublé, intimidé, désorienté, fut heureux

d'avoir près de lui M. de Bonneuil, qui se hâta de le tirer d'embarras en prenant la parole à sa place.

— Il ne suffit pas, dit-il, de contester un droit ; il faut articuler d'une manière positive la foi de non-recevoir que vous entendez opposer à M. Robert. Vous ne pensez pas, sans doute, à lui contester sa qualité de fermier ; il est muni d'un bail en règle, et il a vos quittances de ses fermages dans sa poche ; vous ne pouvez pas non plus prétendre que les réparations demandées ne sont pas à votre charge ; elles sont spécialement désignées dans le bail : qu'avez-vous donc à nous opposer ?

— Je soutiens, dit le propriétaire, que les dégâts provenant d'inondations et d'ouragans ne doivent pas être à ma charge.

— Et qui voulez-vous qui le soit ? dit le juge de paix, qui venait de jeter les yeux sur le bail, dont M. de Bonneuil lui avait fait passer une copie. J'ai sous les yeux le bail, et il n'y a pas même lieu à contestation. Je dois donc me déclarer compétent, les motifs de votre opposition n'étant pas fondés ; il ne reste qu'à fixer le chiffre de l'indemnité due par vous à votre fermier ; mais, sur ce point, vous feriez beaucoup mieux de vous arranger entre vous ; il est encore temps, si vous y mettez de part et d'autre un peu de bonne volonté.

Se voyant repoussé avec perte, le propriétaire consentit à entrer en pourparler avec son fermier. M. de Bonneuil, du premier mot, le mit en bonne disposition en lui offrant

de l'argent. Consentez, lui dit-il, à ce que vous demande
M. Robert, il vous comptera vos années de fermages d'a-
vance ; il déduira la moitié du montant des réparations et
de l'indemnité sur cette année, l'autre moitié sur l'an prochain ; nous ferons régler le tout par experts, afin de n'ê-
tre pas dans notre propre cause juges et parties, et le tout
s'arrangera sans l'intervention des tribunaux.

Cette offre ne plaisait qu'à moitié au propriétaire ; il demandait à faire faire lui-même les réparations avec une
partie de l'argent que M. Robert allait lui compter.

—Alors, dit M. de Bonneuil, qui inclinait toujours vers
les moyens de conciliation, remettons notre arrangement
définitif jusqu'à la prochaine audience de M. le juge
de paix ; il n'y a pas, comme on dit, péril en la demeure ;
d'ici là, M. Robert fera estimer le montant des dépenses
à faire pour les réparations consenties ; vous en ferez faire
un devis de votre côté ; M. le juge de paix aura statué sur
l'indemnité, et comme de part et d'autre nous sommes
animés d'un esprit de conciliation, toutes les difficultés
étant aplanies, nous terminerons.

A l'audience suivante, on se retrouva à la justice de
paix. La vue du sac bien rempli que M. Robert portait
sous son bras rendit le propriétaire tout à fait traitable.
Le juge de paix lui expliqua que, bien qu'il s'agit dans
l'affaire d'une somme beaucoup plus élevée que celle sur
laquelle il pouvait décider en dernier ressort, du moment
où le propriétaire ne pouvait pas contester le droit du

fermier, le jugement de la justice de paix devenait exécutoire, de sorte que, si l'indemnité allouée n'était pas payée, il y serait contraint, absolument comme si le fermier avait obtenu contre le propriétaire un jugement du tribunal de première instance.

Le devis de réparations dressé par M. Robert se trouva être beaucoup plus modéré que celui qu'avait fait faire le propriétaire, de sorte qu'il n'y eut de ce côté aucune contestation. Le propriétaire se récria contre le chiffre de l'indemnité réglée par le juge de paix ; il la trouva fort exagérée. M. Robert, sans être du même avis, consentit néanmoins à une réduction d'après le conseil de M. de Bonneuil, et propriétaire et fermier se séparèrent satisfaits l'un de l'autre.

Peu de temps après, le propriétaire, dont les affaires allaient de mal en pis, fut forcé de mettre sa terre en vente. Un matin, M. de Bonneuil rendit visite de très-bonne heure à M. Robert.

— Je viens, lui dit-il, vous prier de me faire faire, si vous avez le temps, le tour des terres qui dépendent de votre ferme.

— Si je n'avais pas le temps, dit M. Robert, je le prendrais assurément pour vous être agréable. Y a-t-il de l'indiscrétion à vous demander pourquoi vous désirez faire aujourd'hui l'inspection de mes cultures ?

— Parce que je viens de vous acheter, dit M. de Bonneuil. J'avais des fonds à placer ; votre ferme était à vendre ; j'en ai fait l'acquisition hier, et je viens la visiter pour me concerter avec vous quant aux améliorations qu'elle peut recevoir.

— Ah ! dit M. Robert, voilà pour moi une excellente nouvelle; s'il n'y avait que des propriétaires comme vous, je crois bien que M. le juge de paix n'aurait jamais à régler leurs différends avec leurs fermiers.

CHAPITRE XVIII

Bastien Lerond, l'un des principaux fermiers de la commune administrée par M. de Bonneuil, n'avait jamais voulu,
comme la plupart des autres habitants, recourir à ses lumières et à ses conseils.

Avant de reprendre la ferme dirigée par son père, il
avait été clerc d'huissier ; loin de penser qu'il pouvait avoir
besoin de conseils, il se croyait capable d'en donner, et se
regardait lui-même comme de première force en matière
de droit. Son bail étant expiré et ne devant pas être re-
nouvelé, le propriétaire se montra fort exigeant quant aux
réparations locatives dues par le fermier sortant ; Bastien

demanda une expertise, et ce fut précisément M. de Bonneuil, lié avec le propriétaire, qui fut choisi par lui pour vérifier l'état des lieux en le comparant à celui qui avait été dressé à l'entrée de Bastien Lerond dans sa ferme.

—J'espère, dit le fermier en voyant arriver M. de Bonneuil pour procéder à l'expertise, que vous qui êtes de si bonne composition avec vos fermiers, vous n'allez pas vous montrer trop rigoureux envers moi ?

— Je serai juste, dit M. de Bonneuil ; je n'ai pas le droit d'être indulgent, puisqu'il ne s'agit pas ici de mes intérêts personnels. J'ai entre les mains l'état des lieux à l'époque où votre bail a commencé ; toute dégradation commise depuis cette époque, et qui ne provient pas de force majeure, doit être réparée par vous. Commençons par les carreaux de vitre. Pourquoi n'avez-vous pas fait remettre ceux des deux fenêtres de la grande chambre du premier étage ? Depuis près de deux ans que ces carreaux manquent, je ne passe jamais devant votre ferme sans être choqué, comme tout le monde, de cette négligence de votre part.

— La négligence, répondit Lerond, ne vient pas de moi et ne peut pas, je crois, m'être imputée. Les fenêtres dont les vitres sont absentes ne sont pas à mon usage personnel ; le propriétaire s'était réservé cette chambre par le bail, pour venir l'occuper quand il lui plairait, faculté dont il n'a jamais usé. J'ai fait balayer la chambre et donner de l'air ; c'est à quoi se bornaient mes obligations, et encore j'aurais pu m'en dispenser. Puis est survenu un orage accompagné d'une grêle affreuse qui a détruit une partie de mes récoltes, et cassé les vitres des fenêtres de cette chambre. J'en ai prévenu le propriétaire, afin qu'il eût à faire remettre les carreaux de vitre, si cela lui convenait; il paraît que cela ne lui a pas convenu, puisqu'il ne l'a pas fait; cela le regarde : ce n'est pas à moi à faire faire cette réparation à une partie des bâtiments dont je n'ai jamais eu la jouissance.

— Vous ne dites pas tout, dit M. de Bonneuil; vous oubliez une circonstance essentielle : le jour de l'orage mémorable dont vous venez de parler, vous avez eu grand soin, dès les premiers grêlons, de fermer les volets des fenêtres des chambres habitées par vous et votre famille ; aussi n'avez-vous pas eu, dans cette partie de la ferme, un seul carreau de vitre de cassé par la grêle ; pourquoi n'avez-vous pas également fermé les volets des fenêtres de la chambre réservée à votre propriétaire?

— Je n'y était pas tenu, dit le fermier. Que dit mon bail? Que je dois jouir en bon père de famille ; je n'ai jamais joui du local réservé par le propriétaire ; c'était à lui, non à moi, à empêcher que ce local ne fût dégradé ; il l'a été par une cause de force majeure, non par ma faute ; je ne réparerai pas le dégât.

— C'est ce qui vous trompe, dit M. de Bonneuil. Vous avez, évidemment par mauvais vouloir, vous l'avouez vous-même, laissé dégrader le local, alors qu'il ne tenait qu'à

vous de l'empêcher, le propriétaire étant absent ; le juge
de paix ne peut manquer de vous condamner à faire remettre les carreaux ; remettez-les, si vous m'en croyez,
sans déranger M. le juge de paix pour si peu de chose.

— Et s'il vous plaît, dit Lerond, qui est-ce qui prou-
vera que j'aurais pu fermer les volets en temps utile ? Qui
est-ce qui témoignera de mon mauvais vouloir ?

— Moi, dit M. de Bonneuil, moi à qui vous venez de
l'avouer, sans faire attention que, si je suis appelé en témoignage comme expert et comme maire, je ne puis pas
dire autre chose que la vérité. Pour un ancien clerc d'huissier, permettez-moi de vous faire observer que vous n'êtes
pas fort, et que vous venez de vous couper assez mala-
droitement.

Lerond se mordit les lèvres et ne répondit pas ; il rece-
vait devant plusieurs de ses serviteurs une leçon méritée,
de nature à réduire de beaucoup la réputation qu'il avait
dans le pays d'être, comme on dit vulgairement, un malin
difficile à attraper.

La visite continuant, M. de Bonneuil fit compliment à
Lerond sur la bonne tenue de sa ferme ; la visite des terres
amena un résultat également satisfaisant. De retour à la
ferme avec Lerond, M. de Bonneuil lui dit, en mettant le
doigt sur une des clauses du bail, dont il avait une copie :

— Si je n'étais pas l'ami particulier de votre propriétaire, si je ne le savais animé, comme je le suis moi-même,
de l'esprit le plus conciliant, voici une clause de votre

bail, à l'aide de laquelle on pourrait vous mener loin ?

— Comment cela? dit Lerond, qui commençait à se sentir mal à l'aise, reconnaissant un peu tard l'insuffisance de ses lumières en droit.

Il est dit, reprit M. de Bonneuil, que pour les réparations locatives du fonds rural, vous serez tenu de les faire selon l'usage des lieux ; or il n'y a rien de plus élastique que l'usage des lieux. Un sage proverbe de nos aïeux disait : Dieu vous garde de quiproquo d'apothicaire et de *et cætera* de notaire. » En effet, le quiproquo d'apothicaire peut vous tuer, et il y a dans le *et cætera* du notaire toute une mine à procès. Savez-vous à quoi peut vous contraindre le propriétaire, le bail à la main? D'abord, à remettre à neuf les barrières et les échaliers de vos clos fermés de haies vives ; ensuite, à lui remettre tout battants neufs, le pressoir et tous les ustensiles qui en dépendent, et bien d'autres choses encore qu'on peut faire entrer dans les usages des lieux, sans que vous ayez rien à objecter. Car vous, si habile en affaires, à ce que vous croyez, vous avez voulu dresser vous-même l'état des lieux à votre entrée ; je l'ai là, tout écrit de votre main ; le propriétaire n'a fait que de le signer. Vous y avez omis tant de choses essentielles que, s'il était de mauvaise foi, il vous forcerait facilement à faire à son profit de lourdes dépenses que selon l'équité vous ne devez pas. Heureusement il le sait et n'a garde de profiter de votre inadvertance ; vous ne rendrez les lieux que dans l'état où vous les avez reçus, rien de plus. On vous dit riche, et il est possible qu'en sortant d'ici vous ne repreniez pas d'autre ferme ; si vous en prenez une, suivez mon conseil : faites faire un état des lieux le plus soigné et le plus détaillé possible, par quelqu'un qui s'y entende mieux que vous, et ne laissez pas subsister le vague qui résulte de l'usage des lieux ; spécifiez rigoureusement toutes vos obligations, remplissez-les exactement, et jamais il ne pourra s'élever aucun différend entre vous et votre propriétaire.

Bastien Lerond, en relisant attentivement l'état des lieux dressé par lui-même, fut effrayé de tout ce qu'on aurait pu exiger de lui avec une pièce si peu précise, en présence de l'une des clauses de son bail. Sensible, comme il devait l'être, à l'obligeante intervention de M. de Bonneuil, il s'empressa de faire remettre les carreaux de vitre qui manquaient aux fenêtres de la chambre de son propriétaire, lequel, de son côté, le tint quitte d'une foule de frais auxquels il aurait pu le contraindre, et tous deux, grâce à M. de Bonneuil, se quittèrent dans les termes les plus convenables.

CHAPITRE XIX

Il arrivait bien souvent à M. de Bonneuil de se heurter contre les préjugés et le parti pris des gens moitié instruits, moitié ignorants, comme il s'en rencontre beaucoup dans les campagnes, qui se mettent en travers de tous les progrès, parce qu'ils ne les comprennent pas. L'un de ces antagonistes les plus fréquents était le médecin vétérinaire, M. Jérôme, retiré des affaires depuis plusieurs années avec une petite fortune. Le jeune vétérinaire auquel il avait cédé sa clientèle s'entendait très-bien avec M. de Bonneuil, qui faisait grand cas de ses talents dans son utile profession ; mais M. Jérôme avait toujours la confiance exclusive des vieux paysans, et M. Jérôme avait horreur de tout ce qui ne datait pas de son jeune temps. Assez souvent M. de Bonneuil lui adressait au sujet de son obstination d'inutiles remontrances.

— Comment voulez-vous, disait M. Jérôme, que la bonne foi règne dans les transactions au sujet des bestiaux, sous l'empire d'une loi telle que celle de 1838? Autrefois, monsieur, antérieurement à cette loi fatale, la position d'un médecin vétérinaire était justement considérée ; les vices rédhibitoires variaient d'un département à l'autre ; ici l'on suivait à cet égard la coutume de Bretagne, ailleurs celle de Normandie ou celle de Paris. Partout il était loisible à l'acheteur de demander, soit à rendre l'animal au vendeur, contre restitution du prix d'achat, soit de garder l'animal atteint d'un vice rédhibitoire, en se faisant rendre seulement une partie du prix, après constatation de la maladie dont l'animal vendu pouvait être atteint. C'est alors que l'on avait fréquemment besoin de nos lumières, que nous pouvions à peine suffire aux expertises, et que la profession de vétérinaire était lucrative et considérée. Mais aujourd'hui, sous l'empire de la loi de 1838, pas de milieu : il faut garder une bête tarée, sans obtenir de réduction de prix ; on ne peut demander que la résiliation pure et simple du marché et la restitution intégrale du prix ! Est-ce juste ? Je vous le demande.

— Vous avez tort de me le demander, disait M. de

Bonneuil, car vous savez ce que j'en pense. Les dispositions de la loi de 1838 sur les vices rédhibitoires me semblent, commé à tout le monde, vous seul excepté, justes et raisonnables. En fait, cette loi a réduit de plus de moitié le chiffre des contestations auxquelles donnaient lieu les ventes de bestiaux ; le vendeur y met plus de conscience, l'acheteur plus d'attention : Où est le mal, je vous prie ? La loi fixe à 30 jours le délai dans lequel il est permis à l'acheteur de faire résilier son marché, quand il s'agit de maladies qui ne se déclarent pas immédiatement ; elle réduit à 9 jours ce délai pour les maladies qui sont de nature à se déclarer dans cet intervalle, quand l'animal vendu les avait contractées avant la vente ; elle ajoute à ces délais 1 jour pour chaque distance de 5 myriamètres, quand l'animal doit être emmené loin du lieu de la vente en foire, ou du domicile du vendeur : que pouvez-vous trouver dans tout cela qui justifie les qualifications d'injuste et de fatale que vous prodiguez à cette loi ? Vous vous dites de mes amis, et vous savez pourtant que rien ne peut m'être plus pénible que de vous entendre dire à tout propos du mal de la loi, qu'en ma qualité de maire il est de mon devoir de faire respecter en tout et par tout le monde ; la chose n'est déjà pas si facile , sans que vous vous mêliez de me jeter des bâtons dans les roues. Vous feriez bien mieux, quand on vient vous demander votre avis, d'éclairer les acheteurs lésés, en leur indiquant la marche à suivre pour se faire rendre justice, que de vous borner à déclamer contre la loi, ce qui ne peut servir à rien à personne.

Mais M. Jérôme ne pouvait pas se donner à lui-même un démenti, et lorsqu'il y avait un cas de vice rédhibitoire à constater, ceux qui ne savaient comment s'y prendre ne pouvaient s'adresser qu'à M. de Bonneuil; le jeune vétérinaire était toujours par voies et par chemins.

— Monsieur le maire, dit un jour le bonhomme Lucas à M. de Bonneuil, je crains bien de venir vous déranger pour rien; je voudrais avoir un conseil au sujet d'une vache qu'on m'a vendue malade ; je ne m'en suis pas aperçu ; j'avais mis à cet achat mes économies de deux ans, et voici que la bête va crever. Le jeune vétérinaire m'avait bien dit que je pouvais me faire rendre mon argent, mais il y avait tant de pas et démarches à faire ! Et puis, j'ai cru que la bête guérirait, elle allait mieux, quand tout à coup elle est retombée ; les délais pour actionner le marchand de vaches sont passés ; peut-être qu'il n'y a rien à faire ; si cela est, vous me le direz, et, quoique ce soit bien dur, j'en prendrai mon parti.

— C'est, dit M. de Bonneuil, ce qu'il est toujours temps de faire quand on ne peut pas faire autrement. A qui aviez-vous acheté votre vache ?

— A Simon Leroux, le marchand de bestiaux, que vous devez connaître ?

— Je le connais pour un fripon, et bien d'autres que moi le connaissent sous ce rapport; car, ce que vous ignorez probablement, c'est que l'un de ceux qu'il a trompés comme vous l'a dénoncé au procureur impérial pour avoir vendu à plusieurs habitants du canton des vaches atteintes d'une maladie épizootique qui s'est malheureusement propagée, et qui a causé la perte d'un grand nombre de bestiaux.

— Cela n'empêche point, dit Lucas, que j'ai laissé, par ma négligence, passer sans réclamer le temps pendant lequel j'aurais eu le droit de faire constater sur ma pauvre vache, qui va crever, un vice rédhibitoire. Que Simon mange de la prison, ce sera très-bien fait pour lui : il l'a bien mérité ; mais pour moi, je n'en aurai ni plus ni moins.

— Ce n'est pas certain, dit M. de Bonneuil. Si vous n'avez plus droit à vous faire rendre pour vice rédhibitoire le prix de votre vache, une fois que Simon aura été condamné pour le délit dont il est prévenu, il est clair qu'il aura, aux yeux des juges comme à ceux du public, causé à tous ceux qui lui ont acheté des bêtes malades un tort dont il leur doit réparation. Vous pourrez donc l'actionner en dommages-intérêts, pourvu qu'il ait de quoi payer.

— Si ce coquin de Simon devait payer tout ce qu'il a volé, ce qu'il possède n'y suffirait point, dit Lucas ; mais, pour ce qui est de son dernier vol, il a de quoi, et plus qu'il ne faut.

Alors, dit M. de Bonneuil, ne dites rien, mais tenez-vous

prêt ; quand votre vache sera morte, faites constater par le vétérinaire son genre de mort, et attendez ; vous serez indemnisé convenablement, j'en fais mon affaire.

L'attente ne fut pas longue. Simon Leroux avait été informé l'un des premiers d'un commencement de maladie épizootique sur les vaches de trois ou quatre communes. Croyant faire un bon coup de commerce, il s'était empressé d'acheter à bas prix les bêtes les moins malades, mais ayant le germe de la maladie, et il les avait revendues aux foires avant que le mal fût bien déclaré, en lâchant la main quant au prix, afin de faciliter la vente. Puis survint l'épizootie d'autant plus grave et plus générale qu'en vendant en foire des bêtes malades, Simon avait dispersé le mal dans un grand nombre de localités. Quand l'autorité eut à se préoccuper des mesures à prendre afin de combattre le fléau, il y eut une enquête pendant laquelle il ne fut pas difficile de remonter à l'origine de la maladie, et de constater pourquoi et comment elle avait pu éclater le même jour dans tant de communes à la fois.

Les acheteurs, indignement trompés, se portèrent partie civile, et des dommages-intérêts équitables leur furent alloués ; Simon Leroux eut à subir un emprisonnement proportionné à la gravité de son délit. Lucas, grâce à sa part d'indemnité, racheta une vache bien portante, et vint remercier M. de Bonneuil, qui s'était fait un plaisir de faire à sa place les pas et démarches nécessaires.

— **Que** ceci, lui dit **M.** de Bonneuil, vous apprenne une autre fois, quand vous achèterez une tête de gros bétail, à ne pas reculer devant le léger déboursé qu'il vous en coûtera pour faire examiner l'animal par le vétérinaire. Si la bête est bien portante, vous aurez fait un bon marché, et vous ne devrez pas regretter votre argent ; si elle est malade, vous le saurez, et vous serez en mesure de réclamer en temps utile. Si les maquignons et les marchands de bestiaux font si souvent des dupes et sont si rarement punis, c'est qu'ils savent qu'en général ils peuvent compter sur la négligence des gens de la campagne, qui rarement savent s'arranger pour réclamer en temps utile et se faire restituer le prix des animaux atteints de vices rédhibitoires.

CHAPITRE XX

L'issue favorable du procès de Simon Leroux, les dédommagements que reçurent immédiatement ceux qu'il avait trompés en dernier lieu, firent du bruit dans le pays. Bien des gens s'étaient résignés à subir des pertes sérieuses par suite de la mauvaise foi des maquignons et des marchands de bestiaux; ils étaient convaincus de l'extrême difficulté, pour mieux dire, de l'impossibilité d'obtenir justice en s'adressant aux tribunaux, sans s'apercevoir que ce qu'ils regardaient comme un déni de justice provenait le plus souvent de leur propre faute.

— Comment ne comprenez-vous pas, leur disait M. de

Bonneuil, que vous avez affaire la plupart du temps à des hommes retors, qui savent la loi sur le bout du doigt et s'arrangent pour lui échapper, tandis que vous, n'en sachant pas le premier mot, vous faites vous-mêmes, et comme à plaisir, tout ce qu'il faut pour avoir tort selon la loi ? Les juges ne connaissent que la loi et ne peuvent juger que selon la loi : comment voulez-vous qu'ils rendent la justice autrement, et est-ce leur faute si vous vous arrangez pour que la loi soit contre vous ? Le mois dernier, un fermier de la commune avait acheté à la foire quatre-vingts beaux moutons, à un prix peu élevé. En arrivant chez lui, il reconnaît que la maladie connue sous le nom de *sang de rate* est dans le troupeau. En peu de jours, il perd vingt-quatre moutons; il fait constater leur genre de mort par le vétérinaire ; il remplit toutes les formalités voulues et intente un procès au vendeur. Ce fermier perd sa cause et est en outre condamné aux frais. Il avait oublié la précaution tout à fait élémentaire, en prenant livraison des quatre-vingts moutons, d'exiger qu'ils fussent marqués de la marque du vendeur. Or rien ne ressemble à un mouton comme un autre mouton. Comment voulez-vous, lui dit-on, qu'on sache positivement si les moutons morts chez vous du sang de rate sont ou ne sont pas ceux que vous a vendus celui que vous attaquez en garantie ? La loi veut, pour que votre action soit recevable, que les bêtes ovines mortes de la maladie dont elles étaient atteintes chez le vendeur, et que celui-ci devait connaître au moment de la vente, aient été marquées de sa marque, et cela est de toute justice. Qu'est-ce que vous prouvez? Que vous avez acheté quatre-vingts moutons à votre adversaire, et que, depuis cet achat, il vous en est mort vingt-quatre du sang de rate en quelques jours. Si les moutons achetés étaient marqués de la marque du vendeur, il n'aurait pas seulement à vous restituer le prix des vingt-quatre animaux morts, il vous rendrait le prix des quatre-vingts moutons, et serait forcé de reprendre tous les survivants, et de vous rendre tout l'argent que vous lui avez compté. Mais il y a quatre cents bêtes à laine dans votre bergerie ; vous ne prouvez en aucune façon que ceux que vous avez perdus soient du nombre de ceux que vous a vendus votre adversaire : on ne peut que rejeter votre réclamation. Là-dessus, le fermier perdant déclame contre la justice en général et contre ceux qui l'ont condamné en particulier. Il est d'autant plus furieux, d'autant plus persuadé de l'iniquité criante de ses juges qu'un de ses voisins vient d'obtenir gain de cause dans des circonstances à peu près semblables. Ce dernier avait acheté à la même foire et au même marchand soixante moutons, dont un seul est mort, le lendemain, de la clavelée. Évidemment la maladie existait chez l'animal avant la vente, et le marchand ne l'ignorait pas plus qu'il ne pouvait ignorer l'existence de la maladie du sang de rate dans son autre lot de moutons. Il fut immédiatement condamné, parce que les soixante moutons portaient sa marque, ce que l'acheteur avait eu soin d'exiger au moment de la livraison. Voilà donc deux procès, l'un perdu, l'autre gagné, qui devaient être gagnés tous les deux, si les fermiers avaient obéi l'un et l'autre aux préceptes de la plus vulgaire prudence. La justice, vous le voyez, n'a pas plus usé de rigueur envers l'un que de faveur envers l'autre.

A partir de ce moment, il fut admis dans la commune et dans tous les environs que, dans toute contestation au sujet des vices rédhibitoires des animaux achetés ou vendus, c'est à M. de Bonneuil qu'il fallait s'adresser avant de recourir à la justice. Il en résulta pour M. le maire un surcroît de besogne non rétribuée ; mais il aimait tant à rendre service qu'il ne songeait pas à s'en plaindre.

Un de ses administrés, ayant pris récemment une petite métairie, trouva que son attelage était un peu faible pour faire convenablement le service de sa nouvelle culture ; il échangea l'un de ses chevaux de labour, animal jeune et bien portant, mais un peu faible, contre un autre beaucoup plus fort, à peu près du même âge, et paraissant en bon état. Au bout de peu de jours, le nouveau cheval du métayer fut atteint de la morve, maladie d'autant plus fâcheuse qu'elle est contagieuse, et que la présence d'un cheval morveux dans une écurie expose tous les animaux qui s'y trouvent à contracter le même mal. Le métayer se hâta de prendre les mesures exigées pour faire rompre le marché d'échange, et, avant d'entamer le procès contre son maquignon, il consulta M. de Bonneuil.

— J'ai pris mes informations, lui dit-il ; j'ai appris que mon pauvre cheval Faraud, que j'ai fait la sottise d'échanger contre une grande rosse morveuse, n'est plus en la possession du vendeur, qui s'est empressé de le vendre dès qu'il l'a eu à sa disposition ; que va-t-on me donner comme dédommagement, le vice rédhibitoire de celui que j'ai reçu en échange étant bien constaté ?

— On ne peut, dit M. de Bonneuil, que vous faire donner par le maquignon, à qui vous remettrez son cheval malade pour en faire tout ce qui lui plaira, une somme d'argent équivalente à la valeur de celui que vous lui avez livré. S'il l'a vendu et qu'on le retrouve chez l'acheteur, des experts seront nommés pour en faire l'estimation ; le maquignon aura à vous compter une somme égale à celle qui sera portée sur le rapport des experts, parce que, dans tout marché d'échange, les deux objets échangés, quels qu'ils soient, sont, aux yeux de la loi, supposés de même valeur l'un et l'autre.

Il fut assez difficile de retrouver la trace du cheval échangé, qui avait en peu de temps changé plusieurs fois de propriétaire. Le maquignon, voyant le métayer rebuté des lenteurs de l'affaire dont la solution se faisait attendre forcément, vint trouver celui-ci avec des offres de transaction pour une somme de beaucoup inférieure à la valeur du cheval en litige. De guerre lasse, le métayer allait céder quand M. de Bonneuil entra, sans s'être fait annoncer. Il avait vu le maquignon, sur son bidet de voyage, passer devant ses fenêtres ; se doutant bien du but de sa présence dans la commune, il se rendit en toute hâte chez le métayer, il arriva juste au moment où celui-ci allait accepter un arrangement désastreux.

— Je viens, dit-il, vous apporter une nouvelle qui doit faciliter singulièrement votre accommodement à l'amiable. J'ai retrouvé la trace du cheval échangé. Voici la note exacte des prix auxquels il a été vendu à trois reprises différentes ; le prix de la vente la plus récente constate la valeur réelle de l'animal; si vous acceptez moins, vous êtes volé ; car c'est ce que les experts vous accorderont, et le tribunal jugera selon leur rapport.

Le maquignon se mordit les lèvres ; mais force lui fut de remettre dans sa bourse de cuir les pièces de cinq francs qu'il avait commencé à étaler sur la table pour séduire le métayer, et, comme il ne voulut pas consentir à payer le prix réel du cheval, l'accommodement presque conclu au moment de l'arrivée de M. de Bonneuil fut rompu net.

— Vous avez grand tort, dit M. de Bonneuil au maquignon en le voyant remonter sur sa bête pour s'éloigner. En vous laissant condamner par le tribunal, au lieu de payer volontairement, votre adversaire ne recevra pas un centime de moins, et vous, vous payerez les frais du procès de plus.

Ce fut, en effet, ce qui eut lieu, et la tentative faite par le maquignon pour transiger à moitié prix, en exploitant la lassitude du métayer, porta une sérieuse atteinte à sa réputation, qui d'avance n'était pas celle d'un homme fort loyal en affaires. Il perdit donc doublement à n'avoir pas écouté les conseils désintéressés de M. de Bonneuil ; si le métayer ne réussit pas à se faire restituer Faraud, il reçut une somme, suffisante pour remplacer son cheval par un autre de même valeur, résultat qu'il devait entièrement à l'obligeante intervention de M. de Bonneuil, qu'on était certain de trouver quand il y avait un bon office à rendre, même à ceux qui ne pensaient pas à le lui demander.

CHAPITRE XXI

Où allez-vous de si grand matin, dit un jour M. de Bonneuil à M. Robert, qui partait à cheval avant l'aube ?

— Je vais, dit M. Robert, à une vente par expropriation, à 15 kilomètres d'ici ; on m'a assuré que j'y trouverais à acheter de bons chevaux dont j'ai besoin, et quelques pièces de gros bétail qui me manquent pour le moment ; je compte y faire d'assez importantes acquisitions.

— Alors, dit M. de Bonneuil, je suis heureux de m'être levé de bonne heure aujourd'hui pour jardiner, et de me trouver là pour vous souhaiter bon voyage par-dessus ma haie, et vous donner un bon conseil.

— Vos conseils, monsieur le maire, dit M. Robert, sont de ceux dont tout le monde reconnait l'utilité, et je vous remercie d'avance de celui que vous voulez bien me donner : de quoi s'agit-il ?

— De la vente à laquelle vous vous rendez. Faites bien attention aux animaux que vous vous proposez d'acheter.

— Est-ce que vous avez entendu dire qu'ils ne valent rien ?

— J'ignore complétement ce qu'ils peuvent valoir, dit M. de Bonneuil ; ce que je sais, c'est que, dans le cas où ceux que vous achèterez seraient atteints de quelques vices rédhibitoires, vous n'auriez aucun recours contre le vendeur, par cela seul qu'il est exproprié, et que la loi annule, dans ce cas particulier, toute garantie envers l'acheteur. C'est donc à lui à faire doublement attention à ce qu'il achète ; je suis bien aise de vous en rafraîchir la mémoire.

— Vous ne rafraîchissez rien du tout, dit en riant M. Robert ; je puis bien vous assurer que j'ignorais complétement cette disposition de la loi, et que de moi-même je n'y aurais jamais songé.

A son retour, M. Robert vint voir M. de Bonneuil.

— J'ai fait à la vente, lui dit-il, plus d'affaires que je ne pensais ; j'ai payé cher, et pourtant je suis satisfait de mon marché ; les animaux que j'ai ramenés me conviennent sous tous les rapports. J'aurais voulu qu'il y en eût à vendre un plus grand nombre ; car je n'aime point à courir les foires, et il faut bien que je remplisse les vides de mes étables. J'ai rencontré à la vente un gros marchand de bestiaux qui m'a emmené chez lui et m'a montré un fort bel assortiment de vaches laitières ; je lui en ai acheté six ; le marché conclu, j'ai été sur le point de le rompre, quand j'ai vu que, dans le contrat de vente, mon homme avait formellement stipulé qu'il me vendait sans garantie contre les vices rédhibitoires ; cela seul ne me donnait pas une grande idée de sa bonne foi ; il voyait que j'avais envie de ses vaches qui sont belles, de bonne race et en apparence en très-bon état ; il savait d'ailleurs que j'en avais besoin, et il profitait de ces circonstances pour m'imposer une condition à laquelle d'ordinaire je ne souscris jamais. Je m'y suis décidé, bien qu'avec répugnance ; une fois n'est pas coutume, et je crains d'avoir plus tard à m'en repentir.

— Voulez-vous, dit M. de Bonneuil, me laisser voir le contrat de vente de vos six vaches ?

— Le voici, dit M. Robert.

— Je m'étonne, dit M. de Bonneuil après avoir examiné le contrat, que votre vendeur ait pu signer un acte comme celui-là ; c'est un acte radicalement entaché de nullité. La loi ne permet de stipuler la suppression de la garantie qu'à la condition que les vices rédhibitoires seront nominativement exprimés. Une clause semblable, conçue en termes vagues, est de toute nullité. Cette disposition de la loi n'a rien d'arbitraire; il y a des vices rédhibitoires qui conduisent le vendeur en police correctionnelle, comme cela est arrivé à Simon Leroux ; ce sont les vices qui tiennent à des-maladies soit épizootiques, soit contagieuses, contre lesquelles la clause de suppression de la garantie ne peut pas être admise, par cela seul que l'acheteur a toujours son recours contre le vendeur, et qu'on ne peut le priver par aucune clause particulière de son droit de réclamer des dommages-intérêts. De plus, la loi défend d'une manière absolue la vente des animaux atteints de certaines maladies, telles que la clavelée pour les moutons, la morve et le farcin pour les chevaux ; elle ne peut donc pas permettre une clause qui supprimerait la garantie contre tous les vices rédhibitoires, sans exception. Votre vendeur, s'il a eu une arrière-pensée de mauvaise foi, s'est complétement trompé ; le contrat qu'il vous a fait signer ne signifie rien.

M. Robert n'eut pas à se repentir de son marché; le vendeur n'avait fait preuve que d'ignorance en affaires, et il n'y eut pas lieu de réclamer contre lui.

— Comment se fait-il, dit M. Robert à M. de Bonneuil, en lui montrant sa porcherie peuplée d'animaux de choix des meilleures races, qu'à l'égard du porc, l'un des plus répandus parmi nos animaux domestiques, la loi ne reconnaisse pas de vices rédhibitoires ?

— C'est, dit M. de Bonneuil, un point qui a donné lieu à de très-longues contestations, à l'époque où fut votée la

loi de 1838. J'habitais alors Paris, et je suivais assidû-
ment la marche de la discussion des articles de cette loi.
Après un examen approfondi, on est tombé d'accord sur
un point : c'est que la loi contre les vices rédhibitoires
n'entendait punir que les vendeurs d'animaux atteints de
vices cachés, non apparents, contre lesquels l'acheteur ne
saurait se tenir en garde, ces vices étant toujours supposés connus du vendeur. Or, parmi les maladies dont le
porc peut être atteint, il n'en est aucune qui ne soit pas
assez apparente pour qu'avec un peu d'attention l'acheteur ne puisse toujours s'en apercevoir. De telles maladies
ne sauraient donc constituer réellement des vices rédhibitoires dans le vrai sens de ce terme et selon l'esprit de
la loi.

Pendant les jours caniculaires d'un été d'une chaleur
exceptionnelle, M. de Bonneuil, en sa qualité de maire, se
rendit, accompagné du médecin vétérinaire, dans une
grande ferme dont le bétail était détruit par la terrible maladie du charbon. Sa visite avait pour but de s'assurer que
toutes les mesures prescrites en pareil cas avaient été
prises pour empêcher le mal de se propager parmi les bestiaux des autres exploitations. Les instructions qu'il avait
données à ce sujet avaient été rigoureusement suivies ; les
bêtes en traitement étaient en voie de guérison.

— Ce sont pourtant, monsieur le maire, lui dit le fermier, sept belles et bonnes vaches que je perds, pour avoir
commis la faute d'acheter, sans la faire examiner par le

vétérinaire, une seule vache atteinte du charbon, et qui a
donné la maladie à toutes celles de mon étable! On m'a
dit qu'en présence de ce revers dont j'aurai bien de la
peine à me relever, je n'avais rien à réclamer de celui qui
m'a vendu la vache malade : est-ce que c'est vrai ?

— Oui, malheureusement pour vous, dit M. de Bonneuil.
La loi considère le charbon comme une maladie toujours
visible ; elle ne rend pas le vendeur responsable d'un
vice qu'avec un peu d'attention il n'aurait tenu qu'à l'a-
cheteur d'apercevoir. La vérité, c'est que quand on achète
de confiance et qu'on ne s'y connaît pas très-bien, on devrait toujours prendre, avant de conclure le marché, l'opinion du vétérinaire. Celui-là, pour peu qu'il soit versé dans
l'exercice de sa profession, ne peut pas s'y tromper ; il est
d'ailleurs intéressé à ne pas induire l'acheteur en erreur ;
autrement, il compromettrait sa réputation, et perdrait
bientôt sa clientèle.

— J'ai eu grand tort, en effet, dit le fermier, de m'en
rapporter à moi-même, et me voilà sévèrement puni de ma
présomption. Mais se peut-il que, pour la perte énorme
que je viens de subir, je ne sois pas en droit de demander
des dommages-intérêts à celui qui en est l'auteur?

— La loi, dit M. de Bonneuil, ne vous accorde en ce
cas aucun recours contre lui. Si vous le faisiez assigner,
votre action serait déclarée non recevable ; on vous dirait
que l'auteur du mal, c'est vous-même, qui n'avez pas assez bien examiné l'animal que vous vouliez acheter, et que

vous ne pouvez pas être condamné à des dommages-intérêts envers vous-même.

— Il y a toujours là, dit le fermier, une différence que je ne saisis pas. J'ai, par ma négligence, laissé passer le délai légal pour obtenir justice dans un cas de vice rédhibitoire ; j'ai demandé à la justice des dommages-intérêts, et j'ai gagné ma cause. Aujourd'hui une vache malade qu'on m'a vendue m'en a fait perdre six et a rendu malades toutes celles de mon écurie, ce qui me cause un préjudice énorme, et je n'ai pas même le droit de plaider ? Et mon action n'est même pas recevable ?

— Rien n'est cependant plus juste et plus logique, dit M. de Bonneuil. Qui dit vice rédhibitoire dit vice caché au moment de la vente ; le vendeur est toujours supposé de mauvaise foi. Si vous avez réclamé trop tard, le recours contre le vendeur vous reste quant aux dommages-intérêts, car il est notoirement l'auteur du tort que vous avez à supporter. Mais quand la maladie de l'animal vendu ne constituait pas un vice rédhibitoire, quand le mal était apparent et non caché au moment de la vente, la bonne foi du vendeur est à couvert, vous êtes supposé avoir acheté en parfaite connaissance de cause, et la loi ne vous accorde plus aucun genre de recours contre lui.

CHAPITRE XXII

L'une des lois dont, dans les campagnes, les nécessités sont le moins comprises et le plus difficilement acceptées, c'est la loi d'expropriation pour cause d'utilité publique; M. de Bonneuil avait souvent occasion d'intervenir dans des opérations de ce genre, pour faire entendre raison aux mécontents.

— Je comprends très-bien, disait-il, que le propriétaire d'un morceau de terre ayant été l'objet de longs travaux, souvent de dures privations endurées par toute la famille, pour arriver à pouvoir dire : Ce champ est à moi ! je comprends, dis-je, mieux que personne, quel crève-cœur ce doit être pour lui d'en être privé, même quand on lui offre en échange une indemnité plus que suffisante. Mais enfin sommes-nous des sauvages, ou des hommes vivant en société civilisée? Si vous profitez de l'état social et de ses avantages, supportez-en les charges, remplissez-en les obligations; c'est votre devoir. Et puis, par-dessus toutes choses, ne vous exagérez pas, je vous prie, l'étendue de vos droits de propriété. Vous, par exemple, mon voisin, quand on a exproprié une partie de vos prés traversés par la rivière d'Étreux, rivière où il y a de l'eau en été, tout juste assez pour se laver les mains, et qui est souvent tout à fait à sec, vous avez réclamé un supplément d'indemnité pour le lit de cette rivière, prétendant que c'était votre propriété. Je vous ai dit et je vous dis encore que le lit des cours d'eau qui ne sont ni navigables ni flottables est propriété publique et non propriété privée, et que vous n'avez droit pour ce terrain à aucune indemnité, par la raison péremptoire qu'il n'a jamais été à vous.

— Je vous assure, monsieur le maire, que je l'ai toujours regardé comme étant à moi et que personne ne m'en a jamais contesté la légitime propriété.

— Je vous demande bien pardon, dit M. de Bonneuil; quand la rivière d'Étreux, il y a deux ans, à la suite de violents orages, s'est avisée de se creuser un nouveau lit, se trouvant trop à l'étroit dans l'ancien, vous avez réclamé une indemnité.

— J'y avais droit apparemment, puisqu'elle m'a été accordée.

— Oui, mais que vous a-t-on donné en échange du nouveau lit que l'Étreux s'était creusé à vos dépens ? On vous a donné l'ancien lit abandonné par la rivière ; vous avez accepté et vous avez très-bien fait ; car l'Étreux, ayant peu de pente, le limon s'était accumulé dans son lit ancien, et ce qu'on vous donnait valait mieux, comme surface et comme fonds, que ce que la rivière vous avait enlevé. Auriez-vous, je vous le demande à vous-même, accepté comme indemnité une chose que vous auriez considérée comme à vous ? Et si le lit de l'Étreux était votre propriété, le nouveau vous eût appartenu tout comme l'ancien, et il n'y avait pas lieu de vous indemniser.

— Enfin, dit M. Robert, quand la compagnie du canal au profit de laquelle j'étais exproprié a refusé de payer, elle a été condamnée en première instance ; elle a appelé, et elle vient d'être condamnée en appel.

— Et, dit M. de Bonneuil, elle s'est pourvue en cassation, et la cour de cassation lui donnera droit ; pour moi, cela n'est pas douteux. Vous payerez les frais nécessairement, sans ce que les précédentes plaidoiries vous ont déjà coûté ; vous aurez dépensé trois ou quatre fois la valeur de ce que vous réclamez pour une chose qui, je le répète, n'est évidemment pas à vous. Si vous aviez voulu m'en croire, vous auriez évité cette perte et vous vous seriez épargné bien des pas et démarches, bien des pertes de temps, très-préjudiciables à vos autres affaires.

— La cour de cassation jugea dans le sens prévu par M. de Bonneuil, et tous les gens de la commune disaient à M. Robert : Vous pouviez bien vous en rapporter à lui, il n'y a ni juge ni avocat pour en remontrer à monsieur le maire !

— L'influence des conseils de M. de Bonneuil avait modifié favorablement l'état des prairies dans la commune et dans toutes celles des cantons que traversaient des cours d'eau.

— M. le comte de Gasparin, disait-il aux propriétaires riverains de ces cours d'eau, a eu grandement raison de dire dans son cours d'agrologie : Nous envoyons tous les ans *trois milliards* à la mer par les embouchures de nos fleuves. Il n'y a rien d'exagéré dans cette assertion : c'est bien de trois milliards pour le moins que la production agricole serait augmentée en France, si tous les cours d'eau étaient, comme ils pourraient et devraient l'être, utilisés au profit de l'irrigation.

A ceux qui lui objectaient que leur région agricole était peu sujette aux longues sécheresses, il répondait : J'ai beaucoup voyagé, et savez-vous où j'ai vu les plus belles prairies irriguées? Au Regenwald, en Poméranie, sur les rives de la Baltique, dans un pays où il pleut presque tous les jours et souvent toute la journée.

Quand on eut vu le résultat de ses irrigations, tout le monde voulut en faire; mais ici se produisit un incon-

vénient : de nombreuses contestations s'élevèrent pour
l'usage des eaux, dont chacun comprenait actuellement la
valeur. Ce fut M. de Bonneuil qui, par l'examen des anciens titres, régla les droits et prétentions de chacun
sans procès : avantage immense pour la commune; car,
depuis que M. Robert avait perdu sa cause en cassation,
comme l'avait prédit M. de Bonneuil, on ne songeait plus
à appeler de ses arrêts qui avaient l'avantage précieux de
ne rien coûter.

— Voici, dit-il un jour en se promenant avec un fermier dans de vastes prairies dépendant de son exploitation, des prés qui, s'ils étaient irrigués, tripleraient de valeur; vous devriez bien les arroser?

— Avec quoi, dit le fermier? La rive de l'Étreux n'est
plus à moi ; il y a eu un partage d'héritage dans la famille,
et depuis plus de vingt ans le champ qui longe le lit de la
rivière appartient à l'un de mes parents, à qui j'ai proposé
bien des fois de me le vendre, mais qui n'a jamais voulu
y consentir.

— Cela, dit M. de Bonneuil, ne vous ôte en rien le droit
anciennement attaché à cette terre de se servir des eaux
pour l'irrigation.

— C'est un droit dont, à ma connaissance, ni mon père
ni mon grand-père n'ont usé, dit le fermier.

N'importe ! dit M. de Bonneuil, un droit facultatif ne se
prescrit pas par le non-usage. Si vous vous décidez à irriguer vos prairies, vous avez toujours votre droit d'*appui*

pour établir une prise d'eau sur la rivière. A là vérité, devant pour cela passer sur le terrain d'autrui, vous devez une indemnité à votre parent ; mais laissez-moi lui en parler. S'il veut profiter de l'occasion pour arroser sa portion de prairie et que vous supportiez seul, comme le principal intéressé, les frais d'établissement de la prise d'eau dont il se servira aussi bien que vous, cet avantage lui suffira, s'il est raisonnable.

M. de Bonneuil arrangea sans peine cette affaire et plusieurs autres du même genre, et les prés irrigués devinrent si productifs qu'à 10 myriamètres à la ronde, on n'aurait pas pu trouver, quelques années plus tard, un seul ruisseau dont les eaux ne fussent utilisées pour l'irrigation. Il avait fait comprendre à tout le monde cette sage parole de l'abbé Hincmar, de Saint-Hubert en Ardennes, qui disait aux cultivateurs de son pays : « C'est péché de laisser perdre l'eau que vous envoie le bon Dieu pour fertiliser vos prairies : *un filet d'eau pour qui sait l'employer vaut une mine d'or.* »

Les lumières de M. de Bonneuil étaient d'un grand secours à tout le canton, soit pour prévenir les contraventions aux règlements sur l'usage des eaux, soit pour obtenir en temps utile de l'administration départementale les travaux d'art et les autorisations indispensables. Du reste, le bien qu'il ne cessait de faire en maintenant l'ordre et la bonne harmonie dans sa commune, lui donnait naturellement un grand crédit près de l'autorité supérieure ; et comme le préfet de son département le félicitait un jour sur les excellents résultats de son administration et de ses bons conseils :

— Ne croyez pas, dit-il, monsieur le préfet, que je me donne toute cette peine pour rien, ce ne serait pas juste; j'entends qu'on me paye en bonne harmonie, en obéissance aux lois, avec un peu d'amitié pour moi par-dessus le marché; personne ne s'y refuse, et je puis vous assurer que je me regarde comme très-bien payé.

CHAPITRE XXIII

Le bon accord établi par M. de Bonneuil pour la distribution des eaux sur le territoire de la commune ne subsista pas longtemps. Mieux on comprenait les avantages de l'irrigation des prairies, plus ceux qui avaient de grands espaces à irriguer sentaient le prix de l'eau, et aspiraient à en avoir plus que leur part. Les contestations sans cesse renaissantes à ce sujet menaçant de n'avoir point de fin, M. de Bonneuil réunit chez lui les principaux intéressés.

— Je ne vois, leur dit-il, qu'un moyen d'en finir : c'est de solliciter de l'autorité supérieure le règlement des eaux sur le territoire de la commune. Ce règlement, qui sera promulgué sous forme de décret, aura force de loi ; il n'y aura plus à y revenir.

— Est-ce bien difficile à obtenir ? demanda l'un des assistants ?

— Difficile, non, dit M. de Bonneuil ; mais ce sera long, très-long, il faut vous y attendre. Pour ma part, je ne me charge de faire dans la limite de mes attributions et de mon crédit les démarches nécessaires, qu'à une condition : c'est que vous prendrez tous, sur votre honneur, l'engagement de suspendre, jusqu'à la solution définitive, les procès ou projets de procès qui peuvent exister en ce moment.

Chacun prit volontiers l'engagement demandé par M. de Bonneuil, qui, séance tenante, rédigea la demande en règlement des eaux, adressée au préfet.

— Je vais à la préfecture demain matin, dit M. Robert ; je me charge de remettre la demande à son adresse.

— Doucement, dit M. de Bonneuil ; les choses ne vont pas si vite que vous semblez le croire. Votre demande tomberait droit au panier, et elle ne serait même pas lue si elle n'était accompagnée d'un mémoire exposant l'importance des eaux à distribuer, l'étendue des terres irriguables, le nombre des intéressés et toutes les circonstances de nature à éclairer l'autorité supérieure, afin que celle-ci puisse rejeter ou accueillir la demande, en parfaite connaissance de cause. Alors seulement j'enverrai la demande avec le mémoire à la préfecture. Le préfet prendra son temps pour l'examiner, et s'il juge à propos d'y donner suite, il la renverra avec un avis motivé au sous-préfet qui l'examinera à son tour, y joindra son avis motivé, et me la renverra, pour avoir le mien. Tout cela demandera du temps ; et quand nous en serons là, l'affaire ne sera pas encore commencée. Vous voyez, mon cher voisin, qu'il faut, comme j'ai eu soin de vous en prévenir, une énorme dose de patience. Pourtant il y a des localités qui finissent par obtenir le règlement de leurs eaux ; la nôtre sera du nombre, il est permis de l'espérer.

Trois mois s'écoulèrent, et la pétition, que bien des gens croyaient ensevelie à jamais dans les cartons de la préfecture, revint à l'avis de M. de Bonneuil. On ne manqua pas de le presser de la renvoyer au plus vite, avec un avis favorable.

— Du tout, dit M. de Bonneuil ; la pétition doit rester affichée pendant 20 jours à la mairie, où tout le monde pourra en prendre connaissance et consigner par écrit ses observations pour ou contre. Si je la renvoyais avant ce délai légal, il n'y serait donné aucune suite. Dans 20 jours, pas avant, je convoquerai le conseil municipal ; nous irons tous ensemble, qu'il pleuve ou non, nous promener sur les bords de la rivière ; la loi le veut ainsi ; chacun me soumettra ses observations, s'il y a lieu, et je dresserai du tout un procès-verbal détaillé que je renverrai à la sous-préfecture avec la pétition. Le sous-préfet

transmettra le tout au préfet, qui le transmettra à l'ingénieur en chef du département ; celui-ci, quand il aura le
temps, c'est-à-dire après qu'il aura expédié ses autres
affaires plus urgentes, commencera seulement, au sujet de
notre demande en règlement des eaux, une instruction et
un examen administratif, dont sera chargé l'ingénieur de
l'arrondissement.

— Que de longueurs ! disait M. Robert, et quand en ver-
rons-nous la fin ? Plusieurs d'entre nous mourront de vieillesse d'ici là !

— C'est fort possible, dit M. de Bonneuil ; mais l'affaire suit son cours régulier ; il faut la laisser aller jusqu'au
bout ; si quelques-uns des intéressés arrivent avant la solution au terme de leur existence, ceci n'est qu'un détail.

L'ingénieur de l'arrondissement remplit en cette occasion son office avec beaucoup de ponctualité. Il fit prévenir les intéressés du jour et de l'heure où il viendrait faire
l'inspection des localités et recevoir les observations qu'on
pourrait avoir à lui soumettre. Son travail terminé, le procès-verbal de ses opérations fut remis à M. de Bonneuil
par les intéressés, avec prière de le renvoyer au plus vite
à la sous-préfecture.

— Vous êtes trop pressé, leur dit-il ; la loi veut que
toutes les pièces de l'instruction restent pendant 15 jours
déposées à la mairie ; elles resteront 15 jours, pas plus,
mais pas une minute de moins. Ah ! vous ne vous êtes pas
contentés de nos arrangements à l'amiable pour la distri-

bution des eaux, et il vous a fallu un règlement définitif?
Vous l'aurez, mais avant, vous saurez ce que c'est que la
filière administrative.

Après le délai légal, le résultat de la seconde enquête
retourna, comme celui de la première, du maire au sous-
préfet, du sous-préfet au préfet, et du préfet à l'ingénieur
en chef du département.

Alors, sur l'avis favorable de ce fonctionnaire, le préfet,
statuant sur la demande, prit un arrêté réglant la distribution des eaux, et fit notifier cet arrêté à tous les intéressés. L'arrêté préfectoral, cela va sans dire, ne contentait
pas tout le monde ; mais enfin c'était un arrêté, et, en
calculant le temps qu'il avait fallu pour l'obtenir, on trouvait qu'il y avait dans les craintes de M. de Bonneuil, quant
aux délais à subir, beaucoup d'exagération.

— Ne vous réjouissez pas trop, dit M. de Bonneuil, ceci
n'est point une solution ; ne vous y trompez pas. L'arrêté du
préfet n'est qu'une formalité nécessaire, mais sans valeur
définitive ; le ministre peut n'en tenir aucun compte, recommencer l'enquête et ne regarder l'affaire comme finie
qu'après décision du Conseil d'État, devant laquelle elle
sera probablement portée ; le préfet lui-même exprime
toujours le désir qu'il en soit ainsi, rien que pour mettre à
couvert sa responsabilité, et couper court aux réclamations
ultérieures.

La chose arriva comme M. de Bonneuil l'avait prévu :
l'enquête recommença, le Conseil d'État fut saisi, et plus

d'un an s'écoula avant qu'il fût possible de savoir si et quand elle pourrait arriver à sa solution définitive. Le règlement vint enfin, et il fut transmis à M. de Bonneuil, qui se hâta de convoquer les intéressés, afin de leur en donner connaissance. Il y eut à cette lecture de grands désappointements ; bien des figures s'allongèrent, et la minorité, d'autant plus vexée qu'il n'y avait plus à y revenir, exprima son repentir de ne pas s'en être tenue aux arrangements en famille, tels que les avait rédigés, dans le principe, M. de Bonneuil.

— Nous pouvions bien, leur dit-il, dans nos arrangements en famille, nous faire réciproquement des concessions, conseillées par un esprit de conciliation, en faveur des relations de bon voisinage ; mais vous pouvez bien penser que ni le préfet, ni l'ingénieur en chef, ni le ministre, ni le Conseil d'État, ne peuvent tenir compte de semblables considérations. Il s'ensuit que, comme je l'avais bien prévu, la distribution des eaux est réglementée selon les lois de la plus stricte équité ; tant pis pour ceux qui peuvent y perdre ! Ils ne peuvent s'en prendre qu'à eux-mêmes : ils l'ont voulu. D'ailleurs, faites attention à cette circonstance très-importante pour vous tous, que si, en obtenant un règlement définitif des eaux, vous avez soumis l'exercice de votre droit au contrôle et à la surveillance de l'administration, par compensation, vous vous êtes placés sous la protection plus immédiate de l'autorité, quant à l'exercice de ce même droit. Si vous m'en croyez,

vous compléterez votre œuvre en vous réunissant en société, sous la forme de celles qu'on nomme *watteringues*
dans le nord de la France, et vous nommerez un syndicat
pour administrer votre association. De cette manière, la
porte sera fermée pour toujours aux contestations comme
aux contraventions, et chacun jouira sans trouble de la
portion d'eau à laquelle il a droit.

Ce conseil fut suivi ; la richesse foncière de la commune
s'accrut par l'irrigation des prairies, et tout le monde s'en
trouva bien.

— Avouons, disait M. de Bonneuil, que cela vaut toujours un peu mieux que de regarder couler l'eau, sans
songer à en tirer parti ?

CHAPITRE XXIV

Ne plaidez jamais avant d'avoir épuisé toutes les voies d'accommodement : c'est ce que ne cessait de répéter M. de Bonneuil à ceux qui avaient recours à ses lumières en matière de droit rural.

— Voyez, leur disait-il, que de gens ruinés par des procès qu'ils ont gagnés ! Qu'est-ce donc quand on perd ? Et il arrive 19 fois sur 20 que quand on se croyait le plus assuré de gagner un procès, on le perdait par quelque circonstance à laquelle on n'avait pas pensé ; et qui peut se vanter de penser à tout ? sans parler de ceux qui ne pensent à rien, et qui intentent des procès à tort et à travers, par pure présomption, par la conviction intime où ils sont que des gens de leur sorte ont toujours droit contre tout le monde, et qu'ils ne sauraient avoir tort.

M. Robert, le riche fermier, loin d'avoir conservé la moindre rancune contre M. de Bonneuil, quand celui-ci lui avait fait reconnaître ses torts dans sa contestation avec le bonhomme Lucas, avait fini par admettre, comme tout le monde dans la commune, qu'il n'existait pas dans tout le département d'homme de loi plus madré que M. le maire, et qu'on ne pouvait, en toute affaire, se procurer des conseils meilleurs que les siens, conseils d'autant plus avantageux qu'en fin de compte ils ne coûtaient que la peine de les demander. Il vint donc consulter M. de Bonneuil sur un cas fort embarrassant.

— J'éprouve, lui dit-il, une cruelle déception au sujet de laquelle je viens prendre vos bons avis. J'ai consacré une part considérable de mes économies à l'achat d'une propriété longée au sud par des champs bordés d'un rang de peupliers qui projettent sur ma terre une ombre désastreuse, outre le tort que me font leurs maudites racines et leurs rejetons, sur une largeur de plus de 3 mètres et sur une longueur de plus de 300 mètres ; vous voyez que la chose en vaut la peine.

— Les peupliers dont vous parlez, dit M. de Bonneuil, sont, je le suppose, parfaitement visibles à l'œil nu ; vous les connaissiez très-bien avant de conclure votre acquisition ; vous saviez le tort qu'ils pourraient faire aux récoltes des champs voisins; c'était à vous d'acheter en conséquence ; sinon, vous avez fait un mauvais marché.

— J'ai payé cher, dit M. Robert, parce que la propriété me convenait, et qu'après vérification faite, je m'étais assuré que les peupliers qui me gênent sont à 30 centimètres plus près du bord d'héritage que ne le permet la loi. Je me croyais donc autorisé à contraindre mon voisin à abattre ses peupliers, et je me proposais de lui offrir à l'amiable une bonne indemnité, s'il consentait à s'obliger à ne pas renouveler la plantation. Mais voici qu'il m'oppose la prescription ; ses arbres, dit-il, bien que d'assez médiocre apparence, ont 31 ans de plantation, et je n'ai, par conséquent, nul droit de le contraindre à les abattre.

— C'est ce qu'il faudra voir, dit M. de Bonneuil ; amenez-moi votre voisin, je le ferai expliquer. Si la prescription est réellement pour lui, ne plaidez pas : ce serait de l'argent perdu ; s'il n'y a pas prescription, je ferai facilement entendre raison à votre voisin, et l'affaire s'arrangera sans procès.

Le lendemain, les deux parties déjeunaient à la table de M. le maire, et se trouvaient, à la fin du repas, dans des dispositions assez conciliantes.

— Vous dites donc, dit M. de Bonneuil, au propriétaire des arbres dont M. Robert réclamait l'abattage, que vos peupliers sont âgés de 31 ans ?

— Ils les ont, bien sûr, monsieur le maire, et je puis le prouver par le témoignage de tous les anciens du pays.

— Et, quand ils ont été plantés, dit M. de Bonneuil, quelle taille pouvaient-ils avoir ?

— Ah ! pour ce qui est de ça, ils n'étaient pas gros. C'est défunt mon oncle, dont j'ai hérité, qui les avait plantés par plançons ; il les avait recépés à 2 ans, et les avait ensuite laissé pousser à leur gré, sur un seul jet, comme cela se pratique généralement pour cette sorte de peupliers.

— Et combien pensez-vous qu'ils ont pu mettre de temps à dépasser la hauteur ordinaire d'une haie vive ?

— Environ trois ans, je pense ; mais qu'est-ce que cela fait ?

— Cela fait beaucoup, mon cher ami, quant à la prescription légale ; aux termes de la loi, cette prescription n'a commencé à courir que du jour où vos peupliers ont dépassé la hauteur d'une haie vive, selon les usages du pays. Cette hauteur est de 2 mètres, de sorte que, de votre propre aveu, les peupliers en question n'ont pas atteint 2 mètres avant d'avoir 3 ans de plantation ; pour la prescription légale, ils ont 28 ans seulement, et non pas 31 ans. M. Robert est dans son droit, et si vous plaidez contre lui, vous le savez d'avance, vous perdrez.

— Cependant, monsieur le maire, mon avocat m'a bien assuré...

— Votre avocat s'est trompé, dit en l'interrompant M. de Bonneuil ; cela peut arriver à un avocat comme à tout autre.

Ravi d'avoir raison, M. Robert fit à son voisin des offres fort raisonnables, et celui-ci, certain d'après l'avis de M. le maire, dont les décisions étaient acceptées de tous, que s'il plaidait il en serait pour ses frais, signa séance tenante un bon accommodement, promettant de plus d'entretenir avec son voisin Robert des relations de bon voisinage, à charge de réciprocité.

— Quelque temps après, M. Robert revint trouver M. de Bonneuil.

— Ah ! monsieur le maire, lui dit-il, le proverbe a bien raison de dire : Qui terre a, guerre a ! Voici un de mes voisins qui me demande une indemnité extravagante, parce que j'ai fait creuser à bord d'héritage un fossé pour enclore un de mes champs. Notez que ce fossé sert en même temps à l'écoulement des eaux et à l'assainissement du sol, et que, sous ce rapport, sa terre en profite autant que la mienne ; et il me menace d'un procès !

— Faites-le citer en conciliation devant le juge de paix, dit M. de Bonneuil ; demandez des arbitres ; je serai le vôtre, et tout s'arrangera, je l'espère.

— Est-ce qu'il peut m'obliger à combler mon fossé de clôture, ou à le creuser, comme il le prétend, à 50 centimètres du bord d'héritage, selon l'ancienne coutume du pays ?

— Il n'en a aucun droit, dit M. de Bonneuil. La loi n'admet pas, à ce sujet, la revendication des usages locaux ; mais ayez soin que la pente du bord de votre fossé soit assez inclinée, et faites-la bien gazonner, afin qu'il ne puisse pas survenir d'éboulement ; autrement, ayant ouvert le fossé sur l'extrême limite de votre propriété, si vous dégradez la sienne par l'éboulement des bords du fossé qui lui sert de clôture, vous lui devrez des dommages-intérêts.

— Merci bien des fois, monsieur le maire ; mais je pense qu'il n'y a pas de quoi déranger M. le juge de paix. Quand je vais avoir fait part de votre avis à mon voisin, il verra bien qu'il a tort, et il n'aura plus aucune envie de plaider.

Ce fut en effet ce qui arriva, non pas cette fois seulement, mais toutes les fois que, pour des questions de droit rural, on prenait l'avis de M. de Bonneuil. Les huissiers y perdirent beaucoup ; le débit de papier timbré y perdit sensiblement ; mais la concorde, la bonne harmonie entre les habitants de la commune y gagnèrent énormément, et bien des familles qui se seraient ruinées à plaider conservèrent leur bien-être ; il y avait compensation.

CHAPITRE XXV

M. de Bonneuil était fréquemment choisi pour arbitre dans les contestations qui s'élevaient entre ses administrés ; souvent aussi il allait au-devant de semblables demandes, et ceux qu'il faisait prier de venir lui parler dans un but d'accommodement et de conciliation n'osaient jamais s'y refuser.

— Qu'est-ce que je viens d'apprendre ? dit-il au métayer Laurent, auquel il avait fait dire de passer chez lui. On dit que vous refusez de rendre à Prosper, le marchand de laine, le champ qu'il vous a vendu à réméré, il y a cinq ans ?

— Monsieur, dit Laurent un peu embarrassé, Prosper n'est arrivé avec son argent que le 3 de ce mois; le contrat portait qu'il devait me solder le 1er; il ne m'a pas écrit pour me demander ces deux jours de délai; ainsi j'ai payé son champ; il est bien à moi, il me convient et je le garde.

— Il m'est toujours pénible, dit M. de Bonneuil, de revenir de la bonne opinion que j'ai des gens; je vous croyais plus honnête homme que cela, ajouta-t-il en fronçant les sourcils.

— Monsieur le maire, dit Laurent blessé au vif, je ne crois pas.....

— Je ne crois pas, moi, dit M. de Bonneuil, qu'on doive s'en tenir tout juste à la lettre de la loi, et, je dois vous l'avouer, je fais peu de cas de celui qui veut être honnête homme tout juste autant qu'il faut l'être pour éviter les travaux forcés, mais pas plus. Je connais beaucoup de coquins qui savent travailler, comme on dit, le Code à la main, passer ainsi à côté de la loi, qui n'ont jamais été et ne seront peut-être jamais repris de justice et qui n'en sont pas moins des coquins. Examinons ensemble de sang-froid dans quelles circonstances Prosper vous a vendu. Il se faisait vieux et se disait : Je n'ai plus guère que cinq à six ans pour faire mon commerce; si je pouvais donner un peu plus d'extension à mes petites affaires, dans 5 ans j'aurais achevé de gagner de quoi passer mes vieux jours dans une honnête aisance. Il ne me faut pour cela que quelque mille francs à ajouter à l'argent dont je dispose. Si j'emprunte sur hypothèque, je n'aurai pas assez ; je vais vendre à mon voisin Laurent à réméré au bout de cinq ans. Si d'ici-là mes affaires tournent mal, je n'aurai fait tort personne, et Laurent restera propriétaire de mon champ ; si j'ai réussi, je le rembourserai, je rentrerai en possession de mon champ ; j'y bâtirai une maisonnette et j'y finirai mes jours. Voilà ce qui a déterminé Prosper à conclure cette vente à réméré ; vous le savez bien, car il vous l'a dit à vous-même.

— C'est possible, monsieur ; mais enfin le jour de l'échéance il n'a pas payé.

— Je le sais, dit M. de Bonneuil, vous me l'avez déjà dit. Pour revenir plus vite et vous apporter votre argent en temps utile, Prosper a pris des chemins de traverse où sa carriole a versé ; il s'est foulé le bras droit et fait une blessure grave à la tête ; il est resté malade à l'auberge, hors d'état de vous écrire ; à peine remis et en état de remonter en carriole, il est accouru sa bourse à la main, deux jours après l'échéance ; et vous qui saviez tout cela, vous dont il avait si bonne opinion qu'il ne lui était même pas venu à l'idée que vous refuseriez d'exécuter le contrat à réméré, pour deux malheureux jours d'un retard involontaire de sa part, vous le savez bien, vous prétendez garder son champ. C'est le faire mourir de chagrin, ce brave Prosper ; c'est détruire tout le bien-être qu'il espérait goûter sur cette terre dans un champ que son père a

10.

défriché et qu'il voudrait n'avoir cultivé à aucun prix. Laurent, je vous le dis, c'est mal de mentir à quarante ans de probité par un acte d'indélicatesse. Si vous faites cela, vous perdrez mon estime et celle de tous les honnêtes gens de la commune, qui tous jugeront votre conduite comme je la juge en ce moment.

— Monsieur le maire, dit Laurent en tirant de sa poche le titre de propriété et le contrat à réméré : voici les pièces ; veuillez me donner un morceau de papier ; je vais écrire un reçu du prix que doit me rembourser Prosper ; je vous prie de lui remettre le tout de ma part, et, ajouta-t-il en baissant la voix, je vous remercie, monsieur le maire, de m'avoir empêché de commettre une faute que je me serais reprochée toute ma vie.

— A la bonne heure, dit M. de Bonneuil en lui tendant la main ; reconnaître à temps son tort et le réparer sans retard, c'est bien agir, et je vous en sais autant de gré que si l'affaire me concernait personnellement.

Monsieur le maire, disaient les gens du village quand M. de Bonneuil avait ainsi arrangé une affaire délicate, vaut à lui tout seul plus qu'un tribunal ; il sait faire faire aux gens ce que ne saurait jamais leur faire faire la justice.

En effet, toutes les fois qu'il y avait lieu dans la paroisse de recourir aux tribunaux, on s'était habitué à recourir d'abord à M. de Bonneuil. Après plusieurs contestations assez vives au sujet des limites de diverses propriétés,

M. de Bonneuil dit aux notables habitants : Je vois dans
le défaut de fixité des limites de vos champs une source
sans cesse renaissante de disputes et de procès. Si
vous m'en croyez, nous avons dans la commune un excellent arpenteur ; nous procéderons à un bornage général
à l'amiable ; je fournirai de la carrière que je fais exploiter
près d'ici de bonnes pierres de grès indestructibles, assez
grosses pour qu'elles soient bien saillantes hors de terre
et je les ferai tailler toute de la même grandeur. L'opération terminée, il n'y aura plus au sujet des limites de contestations possibles.

La proposition fut acceptée ; on compulsa les anciens
titres ; on consulta les vieillards ; on déterra beaucoup de
bornes anciennes brisées par accident, ou enfouies par le
labourage ; et non sans difficulté le bornage général de la
commune fut conduit à bonne fin. Comme il arrive presque toujours, quelques pièces de terre précédemment mal
bornées perdirent deux ou trois billons que d'autres rega-
gnèrent. Ce n'était, au fond, qu'un retour à l'état primitif
des propriétés, et personne n'aurait dû s'en plaindre. Mais
ceux dont le champ était rogné si peu que ce fût jettèrent
les hauts cris, et l'un d'eux, plus récalcitrant que les autres, déclara que, pour lui, un bornage à l'amiable n'avait
aucune valeur et qu'il voulait, ou bien le retour à ses limites
précédentes, ou bien un bornage judiciaire.

Celui que cette menace de l'intervention de la justice ef-
frayait le plus comme riverain du récalcitrant vint, comme

de coutume, prendre conseil de M. le maire et lui demanda ce qu'il devait faire afin d'éviter un procès.

— Laissez-le faire, dit M. de Bonneuil; vos titres sont bons; votre bornage à l'amiable n'a fait que restituer à votre champ ce que des empiétements successifs et réitérés lui avaient enlevé; autant je vous engagerai toujours à fuir les contestations, autant je vous conseille cette fois de laisser votre voisin, qui est riche et peut supporter quelques frais sans se ruiner, se brûler un peu les doigts au contact de la justice. Je crois pouvoir vous garantir qu'en fin de compte il ne gagnera pas sur vous un seul centimètre carré de terrain ; car nous avons pris toutes les mesures nécessaires pour pouvoir compter sur l'exactitude de notre bornage; qu'il en tâte, puisqu'il veut en tâter; il saura ce qu'il lui en aura coûté, et une autre fois il sera mieux disposé à préférer un bon et loyal arrangement à une action judiciaire qui ne peut le conduire à rien, qu'à manger de l'argent.

Le propriétaire obstiné, résolu à plaider coûte que coûte, s'adressa d'abord au juge de paix. Ce magistrat, après avoir pris connaissance des détails de l'affaire, déclara que les anciennes bornes étaient déplacées depuis plus d'un an; leur place n'étant pas d'ailleurs assez clairement indiquée sur les titres de propriété, cela sortait de ses attributions. Il rendit donc un jugement d'incompétence et renvoya les parties devant le tribunal de première instance.

— Il est encore temps de vous arrêter, lui dit M. de Bonneuil; acceptez un bornage qui satisfait dans la commune tout le monde, excepté vous, et n'allez pas devant le tribunal pour réclamer ce qu'évidemment vous avez usurpé sur votre voisin; le tribunal ne vous le fera pas restituer.

Mais l'entêtement et l'amour-propre parlèrent plus haut que le bon sens, et les conseils de M. le maire ne furent point écoutés cette fois.

Il y eut un nouvel arpentage, examiné, approfondi des vieux titres que M. de Bonneuil n'avait pas pu se faire produire en totalité; les frais naturellement allaient leur train. En fin de compte, de très-vieilles bornes qui n'avaient pas été reconnues dans le bornage à l'amiable furent déterrées, et le récalcitrant dut se résoudre à rendre à son voisin trois *raies* de terre de plus qu'il ne lui en aurait rendu s'il s'était contenté de l'arrangement au sujet duquel il avait eu recours au tribunal.

— Beau profit, dit M. de Bonneuil, et je vous en fais mon compliment! Pourtant, loin de railler un plaideur qui perd et qui ne saurait rire, je viens, de la part de votre voisin, vous offrir de remettre les choses comme elles étaient avant le bornage judiciaire dont il ne voulait pas et que vous avez seul provoqué.

Voilà, dit le plaideur désappointé, une leçon qui me profitera, et de la part de mon voisin un bon procédé dont je lui sais très-bon gré après ce qui vient de se passer. Mais c'est vous surtout, monsieur le maire, à qui je dois en avoir obligation ; car sans vos conseils il est probable que de lui-même il n'y aurait pas pensé.

CHAPITRE XXVI

M. de Bonneuil reçut un jour une députation des habitants d'une commune voisine. Nous venons, monsieur, dirent-ils en l'abordant, sur votre réputation de l'homme le plus obligeant de notre canton, solliciter de vous une consultation, en vous prévenant que nous n'avons pas les moyens de la payer.

— Cela se trouve on ne peut mieux, dit M. de Bonneuil, puisque mes consultations ne coûtent rien. De quoi s'agit-il ?

— Il s'agit, monsieur, dit celui qui portait la parole au nom des autres, d'une chose de grande importance pour nous : les habitants du très-pauvre hameau où nous sommes domiciliés ont, de temps immémorial, joui de divers droits d'usage dans la forêt sur la lisière de laquelle nous demeurons ; c'est au sujet de ces droits que nous sommes venus vous demander vos bons avis.

— D'abord, mes amis, dit M. de Bonneuil, il est indispensable que je sache si la forêt dont il s'agit est à l'État, ou bien si c'est une propriété particulière ; la manière d'exercer les droits d'usage dans les forêts diffère essentiellement, selon que ces droits sont exercés dans les forêts de l'État, ou dans celles des particuliers.

— C'est une forêt particulière, monsieur. Or, depuis deux ans, le propriétaire était absent, et son intendant prétendait n'être pas autorisé à nous délivrer le bois auquel nous avons toujours eu droit pour notre usage personnel. Cette-année là, monsieur, il y eut un rude hiver. C'était dur de mourir de froid dans nos chaumières, sur la lisière d'une forêt où, de tout temps, nos pères et nous-mêmes nous avions reçu chaque année notre provision de bois de chauffage. On patienta cependant, le propriétaire devant, disait-on, bientôt revenir. La seconde année, quelques gens de notre hameau, mourant de froid pendant un hiver presqu'aussi rude que le précédent, se permirent de prendre quelques bûches et quelques bourrées ; ils furent poursuivis et mis en prison. Cette année enfin, le propriétaire de la forêt est revenu ; mais il ne nous a pas été possible d'arriver jusqu'à lui, et quant à M. son intendant, il nous a dit, quand nous réclamions l'arriéré de nos droits d'usage sur les bois de son patron : « Si vous avez des droits, faites-les valoir. » Là-dessus, trop ignorants pour savoir les limites de notre droit, trop pauvres pour entamer un procès, quand même nous serions sûrs de le gagner, nous avons entendu dire que, dans la commune voisine, il y avait un maire qui donnait des conseils pour rien. Nous sommes venus vers vous en confiance; voici nos titres, conseillez-nous.

M. de Bonneuil examina attentivement les titres ; ils lui parurent très-réguliers. Votre affaire est tellement claire, dit il, que, comme je vous vois hors d'état de vous faire rendre justice, je vous trouverai un avoué qui vous fera obtenir justice, sans bourse délier. Seulement, ceux d'entre vous qui ont cru pouvoir se payer par leurs propres mains se sont mis dans leur tort, et les juges n'ont pas pu faire autrement que de les condamner. Revenez demain matin, je vous mettrai en rapport avec un homme de loi. digne de votre confiance; vous lui remettrez votre procuration ; il avancera les frais, et quand vous aurez gagné, pas avant, vous le rembourserez.

— Mais, monsieur, dit l'orateur de la troupe, rien n'est plus rare chez nous qu'une pièce de 5 francs. Si l'on nous rend le bois de deux ans qui ne nous a pas été délivré, vous savez que nous n'avons pas le droit d'en changer la destination ; ne pouvant le vendre, nous n'aurons pas plus d'argent que nous n'en avons en ce moment, et il ne nous sera pas possible de rembourser ses avances à votre homme de loi.

— J'ai réponse à cette objection, dit M. de Bonneuil. Si vous perdez, ce que je ne crois pas possible, vous ne devrez pas un centime pour les frais du procès ; celui qui s'en chargera l'entreprendra à ses risques et périls, et vous ne devez vous faire aucun scrupule d'accepter. Si vous gagnez, ce n'est pas du bois qu'on vous rendra, c'est de l'argent, à titre de dommages-intérêts, et vous rentrerez immédiatement dans le plein exercice de votre droit d'usage. C'est donc seulement sur l'argent provenant du gain de votre procès que vous aurez les frais à rembourser, et ils ne seront pas très-élevés : cela vous convient-il ?

— Jamais, monsieur, nous n'aurions osé demander de si bonnes conditions. Pensez-vous que le procès sera long ?

— Non, fort heureusement ; votre droit est si clair que les juges ne peuvent pas hésiter à vous donner gain de cause d'emblée. Je dois aussi vous faire remarquer que, si l'on vous a dit que vous étiez privés d'une manière absolue du droit de vendre une partie de votre part de bois à laquelle vous avez droit comme usagers, on vous a induit en erreur. Vous ne pouvez vendre ce bois comme marchandise, le fait est certain ; il vous est interdit d'en faire le commerce et de l'échanger contre de l'argent. Mais si, par exemple, quand votre part vous est délivrée, vous manquez de moyens de transport pour la faire enlever, et d'argent pour payer un charretier, vous pouvez donner en payement au voiturier une partie du bois, et quoique ce soit une sorte de vente déguisée, elle ne vous est pas interdite. De même si, comme usager, vous recevez une pièce de charpente que vous devez, pour votre service, faire débiter en planches, il ne vous est nullement défendu de payer le scieur de long en lui cédant une partie des planches d'une valeur équivalente à celle de son travail.

Un avoué s'empressa, sur la demande de M. de Bonneuil, de se charger de l'affaire, qu'il gagna en huit jours. Il résulta du procès que le propriétaire avait constamment ignoré le déni de justice de son intendant envers les usagers de sa forêt ; cet homme s'était fié sur l'impossibilité où il supposait que seraient les gens du hameau de plaider contre son patron ; il se figurait que ces braves gens s'estimeraient trop heureux de rentrer dans la jouissance de leurs droits d'usage ; et comme le propriétaire de la forêt devait aller habiter Paris, l'intendant comptait bien qu'il n'en serait jamais informé. Le propriétaire perdit donc son procès ; mais il y gagna de voir clair dans la conduite d'un intendant qui avait, en bien d'autres occasions, abusé de sa confiance, et qu'il se hâta de congédier. C'était un peu tard ; mais il vaut mieux tard que jamais.

Quand les gens du hameau vinrent remercier l'avoué,

qui leur avait fait savoir l'heureuse et prompte issue du procès, ils furent très-agréablement surpris de recevoir une somme assez ronde, provenant des dommages-intérêts obtenus par ses soins, somme qui leur revenait presque en entier, car l'avoué n'avait rien retenu pour ses honoraires.

— Mes amis, leur dit-il, n'avez-vous jamais exercé dans la forêt voisine de votre hameau d'autre droit d'usage que le droit au bois, dans lequel j'ai eu le plaisir de vous faire réintégrer ?

On lui répondit que les gens du hameau ne se connaissaient dans la forêt aucune espèce d'autre droit.

— Eh bien, dit l'avoué, vous avez doublement bien fait de me confier vos intérêts. Vos titres portent que les usagers pourront faire paître dans le bois, c'est-à-dire dans les parties du bois assez âgées pour que les arbres n'en éprouvent aucun dommage, toute espèce de bétail, à l'exception des moutons et des chèvres, et à condition que chaque animal paissant dans les bois portera au cou une clochette. Y a-t-il parmi vous quelque vieillard qui ait souvenir d'avoir vu ce droit d'usage exercé autrefois ?

— Un ancien déclara qu'il avait conduit paître dans la orêt les chevaux et les vaches de son père, et que si le serment était exigé, il en lèverait la main.

— Le serment n'est point nécessaire, dit l'avoué ; le texte de vos titres est formel ; je dois aller à Paris pour mes affaires ; je me charge d'ajuster celle-là avec le propriétaire de la forêt, excellent homme, qui ne vous a jamais fait de tort qu'à son insu.

Le droit au pacage dans la forêt fut en effet reconnu et rendu aux pauvres gens du hameau : c'était pour eux une fortune. Ils en furent si reconnaissants qu'ayant fait, l'hiver suivant, une chasse heureuse au sanglier, animal dangereux qu'il est toujours permis de détruire, ils en apportèrent d'excellents jambons à M. de Bonneuil et à l'avoué, qui se gardèrent bien de les mortifier par un refus.

CHAPITRE XXVII

Les habitants du hameau dont l'avoué avait gagné la cause en les faisant réintégrer dans leurs droits d'usage, revinrent, quelques mois après, mettre encore une fois à contribution l'obligeance de M. de Bonneuil ; ils avaient encore besoin d'un bon conseil dans une circonstance très-grave pour eux. L'ancien propriétaire de la forêt dans laquelle ils exerçaient désormais sans contestation leurs droits d'usagers au bois et au pâturage, venait de vendre ses bois, et le nouvel acquéreur, désirant s'affranchir d'une servitude qui lui semblait fort gênante, s'était empressé d'offrir aux usagers de se libérer envers eux à l'amiable. Pour le droit d'usage au bois, il offrait le *cantonnement* réglé par arbitres. De ce côté, l'on était presque d'accord, c'est-à-dire que le propriétaire de la forêt offrait d'en abandonner une part aux usagers, qui en exploiteraient les coupes pour leur compte et s'en partageraient les produits, moyennant quoi ils n'auraient rien à revendiquer pour le surplus de ses bois ; il ne s'agissait que de s'entendre sur la portion à céder aux usagers, et, sur ce point, ils regardaient l'affaire comme arrangée : là n'était pas la difficulté. Mais le propriétaire de la forêt n'offrait de se racheter par cantonnement de la servitude du droit d'usage aù bois qu'à la condition que les usagers lui permettraient de se racheter en même temps, à prix d'argent, de la servitude du pacage de leurs bestiaux dans sa forêt. Or ce droit, longtemps oublié, que leur avait fait restituer leur avoué, ils n'entendaient s'en dessaisir à aucun prix. En effet, la possibilité de nourrir quelques vaches, grâce à la ressource du pacage dans la forêt, avait tellement amélioré leur position qu'ils reculaient devant la perspective de retomber dans leur détresse précédente, surtout devant l'obligation de vendre leurs pauvres vaches, qu'ils ne pourraient plus nourrir. On leur avait dit que, dans le cas où ils ne parviendraient pas à conclure avec le propriétaire de la forêt un arrangement à l'amiable, le tribunal s'en mêlerait, et qu'on pouvait les forcer par jugement à accepter le rachat de leur droit, en ce point comme en tout autre : c'est à ce sujet qu'ils sollicitaient les avis de M. de Bonneuil.

— La question, leur dit-il, est assez épineuse. La loi dit que les servitudes du genre de celle dont on vous propose le rachat *pourront* être maintenues en cas de refus de la part des usagers, mais seulement dans le cas d'*absolue nécessité*. Or ce terme est assez vague en lui-même ; il prête à l'arbitraire, et l'on peut toujours prétendre que la nécessité n'est pas absolue. Vous, par exemple, mes amis, on vous objectera que pendant vingt-huit ans, n'ayant pas réclamé l'exercice d'un droit qui était tombé dans l'oubli, vous pouviez évidemment vous en passer. Cependant l'affaire peut être discutée et gagnée, et j'espère décider notre ami, l'avoué, dont l'habileté vous est connue, à se charger de la défense de vos intérêts.

— J'ai hâte de vous dire, fit observer l'un des intéressés, que cette fois, grâce au gain de notre précédent procès, nous sommes en mesure de reconnaître convenablement les soins de l'avoué.

— Ne lui parlez jamais de cela, dit M. de Bonneuil, si vous tenez à rester ses amis. Il a de la fortune et n'a rien à faire ; ayant vécu 30 ans dans les procès, une affaire à soutenir est pour lui une bonne fortune ; c'est une partie de jeu, qu'il joue avec une sorte de passion, quoique sans intérêt ; il fera tout ce qui est humainement possible pour le gagner, et il ne recevra que ses déboursés, rien de plus ; laissez-moi négocier la chose avec lui. Je ne puis cette fois vous assurer que vous gagnerez ; je vous promets seulement que rien de ce qui peut vous faire gagner ne sera négligé.

L'habileté de l'ancien avoué, toujours prêt à accepter une semblable mission comme une partie de plaisir, triompha une fois de plus ; il fit valoir aux yeux du tribunal cette considération prépondérante, qu'avant que le droit de pacage eût été restitué aux usagers, ceux-ci recevaient, pendant une partie de l'hiver, des secours du bureau de bienfaisance ; depuis que, grâce à cette restitution, chaque ménage pouvait entretenir une ou deux vaches, la misère avait disparu, et les secours du bureau de bienfaisance avaient cessé d'être réclamés. Le tribunal pouvait donc en conscience reconnaître l'existence de la nécessité absolue, et maintenir la servitude sans rachat, puisque, aussitôt après le rachat, une charge de plus, et une charge très-lourde, serait inévitablement imposée au bureau de bienfaisance. Ce moyen très-habilement présenté, preuves en mains, fut victorieux.

M. de Bonneuil et son avoué allèrent ensemble en porter la nouvelle aux bonnes gens du hameau, qui, dans leur joie, ne savaient quelle fête leur faire, en témoignage de leur reconnaissance.

Le propriétaire de la forêt, débouté quant au rachat de la servitude du pacage des bestiaux dans ses bois, se ravisa quant au rachat de la servitude du droit des usagers au bois ; après avoir affirmé qu'il n'entendrait à aucun arrangement, si ce n'est pour le rachat des deux servitudes en même temps, il se serait estimé heureux de racheter la première seulement, par voie de cantonnement. Les usagers répondaient que leur acceptation du cantonnement offert avait été donnée conditionnellement, et que, dans l'état actuel des choses, ils ne voulaient plus en entendre parler. M. de Bonneuil intervint cette fois en faveur du propriétaire. Celui-ci se croyait en droit d'actionner les usagers pour les contraindre à accepter le cantonnement, parce que récemment, dans ses environs, un droit tout semblable avait été racheté par cantonnement, en vertu d'un jugement, contre le gré des ayants droit. M. de Bonneuil lui fit voir que, d'après la loi, le droit d'actionner des usagers et de leur faire accepter le cantonnement par jugement est réservé à l'État seul, et ne peut être exercé que dans les forêts de l'État. Quant aux bois des particuliers, le rachat de la servitude au moyen du cantonnement peut être offert à l'amiable et accepté, s'il y a lieu ; il ne peut jamais être imposé. Cependant, en faisant valoir les bons offices qu'il leur avait rendus antérieurement, M. de Bonneuil décida les usagers à accepter le rachat par cantonnement réglé à l'amiable, ce qui ne leur portait aucun préjudice, l'usage du droit de pacage n'étant plus rachetable.

L'hiver suivant, un épouvantable incendie dévora une partie considérable de bois sur le territoire de la commune de M. de Bonneuil. Aux premières lueurs de l'incendie, les habitants du hameau situé sur une autre commune, auxquels M. de Bonneuil et son avoué avaient rendu tant de services, accoururent au secours, et se maintinrent, jusqu'à ce que le feu fût éteint, au premier rang des travailleurs. Ce fut grâce à leur zèle intrépide que toute une forêt de plusieurs centaines d'hectares put être préservée ; ils se mirent bravement à abattre des taillis et à ouvrir une large tranchée en avant de la partie de bois qui brûlait, et ni les flots d'une épaisse fumée que le vent poussait sur eux, ni les débris de bois enflammés qui leur tombaient sur le corps, ne ralentirent leur travail. Ce bel exemple électrisa tout le monde ; on amena l'eau d'un ruisseau voisin dans la tranchée, et la forêt, fortement menacée, fut sauvée d'une destruction totale ; les flammes ne franchirent pas la tranchée.

Le dommage eût été bien moins grave encore si tout le monde avait fait son devoir. Par malheur, beaucoup d'habitants de la commune, faisant la sourde oreille au bruit de la générale et du tocsin, avaient jugé à propos de ne pas se déranger ; M. de Bonneuil avait pris note des absents. Parmi ceux-ci, M. de Bonneuil remarqua particulièrement quelques-uns de ses administrés qui possédaient des droits d'usage dans la forêt incendiée, et qui n'avaient pas bougé de leur lit, tandis qu'elle brûlait et que d'autres s'exposaient pour tâcher de l'éteindre.

Il les fit venir chez lui le lendemain matin, et leur reprocha leur insouciance et leur défaut de courage.

— Un autre motif, leur dit-il, aurait dû vous donner au moins un peu de cœur ; la loi, en termes très-précis, vous impose, en votre qualité d'usagers, l'obligation d'accourir, en cas d'incendie, pour travailler à éteindre le feu ; outre une peine à régler par le tribunal de police correctionnelle devant lequel je vais vous envoyer, vous serez privés, pendant un terme de un à cinq ans, de vos droits d'usage. Cela vous apprendra à ne pas répondre au garde champêtre quand je l'ai envoyé vous appeler.

— Mais, monsieur le maire, dit l'un des coupables, je puis vous assurer que nous ignorions complétement cette obligation.

— Vous n'ignoriez pas que la forêt brûlait, dit M. de Bonneuil ; est-ce que cela ne devait pas vous suffire ?

TROISIÈME PARTIE.

DROIT USUEL.

CHAPITRE XXVIII

Un grand scandale venait de se produire dans la commune ; Lambert, de retour d'Afrique, où il venait de terminer ses sept ans de service, avait trouvé un de ses cousins en possession d'un héritage dont lui, l'ex-caporal de zouaves, se prétendait le seul légitime propriétaire. Après une explication assez vive, au lieu de faire valoir ses droits devant les tribunaux, le troupier avait trouvé plus expéditif de prendre son cousin par les épaules, et de le jeter hors de la chaumière objet principal de la contestation, avec accompagnement d'une volée de coups de bâton. L'expulsé était un des notables de l'endroit. Il s'adressa à M. de Bonneuil, qui lui dit assez sèchement :

— Votre cousin le zouave a tort dans la forme, sans contredit, et si je m'étais trouvé là, je l'aurais assurément empêché de vous maltraiter ; mais il a parfaitement raison au fond. Je n'ai point à me mêler de cette affaire, cela regarde la justice ; si j'avais sur ce point la moindre autorité, je n'en userais certes pas pour vous faire maintenir en possession de ce qui ne vous a jamais appartenu. Vous avez profité de l'absence de ce pauvre diable, pensant ou qu'il serait tué, ou qu'il se réengagerait et ne reparaîtrait pas dans le pays. Revenu inopinément, il a cédé à un mouvement de colère en vous voyant détenteur de son héritage, et il s'est mis dans son tort en usant envers vous de violence ; mais son droit est évident, et si vous plaidez contre lui, ce qui serait de votre part un acte d'insigne mauvaise foi, vous perdrez, je vous en préviens.

La cabane et le champ qui en dépendait tenaient trop au cœur du cousin pour qu'il se décidât si facilement à y renoncer. Peu satisfait des conseils de M. le maire, il alla consulter un homme de loi qui lui dit qu'étant resté plus d'un an possesseur sans trouble de l'objet en litige, s'il plaidait au possessoire, il gagnerait, et que, de plus, il se ferait payer par le zouave ses coups de poing et de bâton.

Le paysan ignorait le sens du mot possessoire, et il eût été fort inutile de chercher à lui expliquer la différence, dans la langue du droit, de la possession et de la propriété.

On lui assurait que, s'il plaidait, il gagnerait ; l'homme de
loi consentait même à n'être payé qu'après le gain du procès. Il plaida, et, comme cela lui avait été annoncé, il gagna de tout point ; le zouave paya l'amende et subit quelques jours de prison pour avoir battu un notable. Il est
vrai que ce notable l'avait indignement volé ; mais nul
n'a le droit de se faire justice à soi-même, et il l'apprit à
ses dépens. Du rang de propriétaire il descendit à celui
de manœuvre travaillant à la journée, et ce qui l'affligeait
le plus, il dut renoncer à la main d'une jeune fille dont il
était aimé, mais à laquelle, n'ayant plus rien, il ne pouvait plus prétendre.

— Pourtant, disait Lambert, l'héritage de mon oncle
était bien à moi, et je crois bien que si j'avais les moyens
d'en appeler, je me le ferais rendre. Mais, condamné une
fois, sans argent pour recommencer à plaider, si j'emprunte pour soutenir mon droit et que je perde de nouveau, j'aurai fait tort à celui qui m'aura prêté, et que je ne
pourrai pas rembourser ; j'aime mieux me tenir pour battu,
et tâcher de n'y plus penser.

— Vous avez tort et grand tort, mon brave, lui dit un
jour M. de Bonneuil. Celui qui se laisse dépouiller ne fait
pas tort qu'à lui seul ; il en fait à tout le monde, en en-
courageant les coquins, par l'impunité. Ce que vous ignorez, c'est que votre jugement, qui a remis votre cousin en
possession de la chaumière et du champ de feu votre oncle,
ne préjuge absolument rien contre votre droit de propriété.

— Comment rien, monsieur le maire? Quand les huissiers sont venus m'expulser? quand j'ai dû faire 15 jours de prison? Si c'est là de la justice, par exemple!

— Oui, mon camarade, dit M. de Bonneuil, c'est de la justice, c'est conforme à la loi, et le tribunal ne pouvait pas juger différemment. Quant à la prison, c'est pour les coups donnés par vous au cousin un peu trop libéralement; vous savez bien que, tout fripon qu'il est, vous n'aviez nul droit de l'étriller, et vous n'y alliez pas de main-morte, convenez-en. Quant à la propriété, le jugement n'a décidé qu'une chose, c'est que votre cousin était, depuis plus d'un an, maître sans opposition du champ et de la maison; il avait pour lui ce qu'on nomme en droit la possession annale; il plaidait au possessoire, c'est-à-dire pour être maintenu en possession de l'objet contesté, sauf à vous à prouver qu'il vous appartient. C'est ce que vous ferez si vous m'en croyez. Donnez-moi votre procuration, sans rien dire à personne, je m'en charge. Quand vous aurez gagné, vous me rembourserez mes avances, et si vous perdez, vous ne me devrez rien. Mais je connais la loi, vous le savez bien, et je vous dis que vous ne pouvez pas perdre : cela vous va-t-il?

— Monsieur le maire, dit Lambert pénétré de reconnaissance, on a raison de dire partout que vous êtes vraiment un brave homme. Vous m'offrez de si bon cœur que j'accepte de même, certain d'avance que vous ne pouvez pas vous tromper.

Le procès ne fut pas long. Sur la simple production des titres parfaitement en règle, M. de Bonneuil gagna d'emblée la cause de Lambert.

Le cousin, désappointé, revint trouver M. lemaire, avec des offres de transaction à l'amiable.

— Il n'y a pas, dit M. de Bonneuil, de transaction possible entre le voleur et le volé ; vous avez volé le bien d'autrui, et, sur mon honneur, vous en subirez toutes les conséquences. Voilà, en fait de transactions, tout ce que j'ai à vous offrir. .

Ce résultat inattendu (car l'adversaire de Lambert s'était hautement vanté qu'il garderait le bien dont il s'était emparé) produisit dans le pays un excellent effet. Sans attendre qu'il leur en arrivât autant, plusieurs particuliers peu délicats, détenteurs sans aucun titre valable de biens qui ne leur appartenaient pas, s'empressèrent de faire des offres aux légitimes propriétaires ; ceux-ci prirent pour conciliateur M. de Bonneuil, qui, de même que dans l'affaire de Lambert, ne consentait à aucun arrangement qui ne commençait pas par une restitution pure et simple, sauf à faire ensuite des concessions quant à la restitution des fruits injustement perçus. Mais aussi M. de Bonneuil ne souffrait pas que personne désobéît à la loi, en se remettant lui-même en possession d'un bien antérieurement usurpé. Ainsi, dans un partage opéré judiciairement, l'un des héritiers d'un petit propriétaire mort sans enfants s'adjugea sur sa part environ 10 ares de trop. Le cohéritier s'en plaignit hautement, mais sans recourir à la justice ; il se mit, en labourant son champ voisin du terrain contesté, à reprendre une portion de ce qu'il prétendait lui appartenir, en empiétant sur la pièce de terre en litige.

— Prenez garde, lui dit M. de Bonneuil ; votre cohéritier a pour lui la possession annale ; plaidez si vous voulez au pétitoire, c'est-à-dire pour vous faire remettre en possession de la pièce de 10 ares qui fait évidemment partie de votre part dans la succession ; mais n'empiétez pas ; et tandis qu'il en est encore temps, transigez sans procès ; vous aurez à peu près votre compte, la loi sera respectée, et il ne s'établira pas d'inimitié entre vous et votre cohéritier.

Si M. de Bonneuil s'était borné à remplir avec intégrité et droiture ses fonctions de maire, sans chercher à rendre en dehors de ces fonctions aucun genre de bons offices à ses administrés, il n'aurait jamais réussi à empêcher les huissiers de trotter, et le papier timbré de circuler ; mais s'étant fait aimer et respecter de tous, regardé comme l'homme indispensable, toujours au service de tout le monde, dans l'intérêt de l'ordre et de la justice, il n'avait qu'un mot à dire pour faire renaître la bonne harmonie entre les gens les plus querelleurs, et en quelques années il avait empéché autant de procès que le tribunal de l'arrondissement en avait eu à juger. Les gens d'affaires et les huissiers lui en voulaient à la mort.

CHAPITRE XXIX

Qu'allez-vous faire encore, dit M. de Bonneuil à Prosper, le marchand de laine retiré du commerce ? J'apprends que vous êtes en marché pour acheter le champ de Jean-Louis qui touche au vôtre ? Suis-je bien informé ?

— Oui, monsieur le maire, et je ne sais pas pourquoi vous semblez me blâmer, car le prix que Jean-Louis me demande pour sa terre ne me paraît nullement déraisonnable.

— Fort bien ; mais je suis heureux d'arriver à temps et de vous donner un bon avis en temps utile ; la terre que Jean-Louis veut vous vendre n'est pas à lui. Son père l'a obtenue par bail emphytéotique de 99 ans, il y a de cela 45 ans environ. Vous l'avez cru propriétaire parce qu'il a fait la sottise de bâtir sur le terrain d'autrui, comme s'il le possédait à perpétuité ; dans une cinquantaine d'années d'ici, vos héritiers se trouveront en présence de rien du tout ; le fonds retournera aux héritiers de son ancien propriétaire. Maintenant achetez si la terre vous convient, mais gardez-vous de payer une propriété qui ne doit pas durer plus d'un demi-siècle, au même prix que vous donneriez pour en être propriétaire à perpétuité.

— S'il en est ainsi, dit Prosper, et quoique la pièce de terre de Jean-Louis me convienne à cause du voisinage, ce que vous venez de me dire m'en dégoûte tout à fait ; quand même il me la céderait à très-bon compte, il suffit qu'il ait eu l'indélicatesse de chercher à me tromper, pour que je n'en veuille plus à aucun prix.

— Et vous faites bien, dit M. de Bonneuil ; une affaire qui semble bonne, conclue avec un homme sans délicatesse, peut toujours devenir une mauvaise affaire.

La législation assez compliquée qui concerne les servitudes est, en général, mal comprise des habitants des campagnes ; de là naissent d'interminables contestations entre les petits propriétaires. Ces contestations n'ont presque jamais lieu parmi les détenteurs des grandes propriétés ; ou bien ceux-ci gèrent eux-mêmes leurs affaires et savent se conformer à la loi, ou bien ils les font gérer par des hommes d'affaire, à qui la loi est surabondamment connue. Il n'en est pas de même de celui qui, n'ayant qu'un petit coin de terre, ressent bien plus vivement le tort qui résulte pour lui des servitudes dont ce petit coin peut être grevé. Celui qui profite de la servitude y tient avec un entêtement proportionné, moins aux avantages réels qu'il en retire qu'à l'importance qu'elle lui donne et à la sujétion qu'elle impose à son voisin.

M. de Bonneuil avait fait une étude particulière de cette partie du droit rural, afin d'être en mesure de résoudre toute les difficultés au sujet desquelles il pouvait être consulté en matière de servitude, et il le fut, en effet, très-fréquemment. Ce que les intéressés comprenaient le moins dans tout cela, c'était l'extinction de certaines servitudes et leur renaissance alors qu'on les regardait comme éteintes pour toujours. Heureusement la parole de M. de Bonneuil était écoutée comme un oracle, et lorsqu'il s'était prononcé, celui qui aurait plaidé contre son avis se serait exposé à passer pour insensé.

— Comprenez-vous, monsieur le maire, lui disait le bonhomme Lucas, comprenez-vous le cousin Larcher, qui s'obstine à vouloir passer par mon champ de luzerne, sous prétexte que son père y a passé il y a 25 ans, en vertu d'une servitude dont il a les titres ? Qu'est-ce que ça me fait, ses paperasses, à moi qui ne sais pas lire ? Le fait est que feu mon oncle a laissé par son testament, à moi et à mon cousin Larcher, deux pièces de terre d'égale grandeur ; que, du vivant de mon oncle, personne ne passait sur la pièce qui m'a été allouée dans le partage, et que personne n'y passera sans ma permission, et je n'ai aucune raison de donner cette permission au cousin.

— Je comprends, dit M. de Bonneuil, que c'est vous, dans cette occasion, qui ne comprenez pas ; que les dispositions de la loi qui vous contrarient vous semblent absurdes, et que vous refusez d'y croire. Je connais toute cette affaire ; votre cousin Larcher est déjà venu me consulter à ce sujet. Feu votre oncle avait acheté, il y a 25 ans, les deux pièces de terre actuellement possédées, l'une par vous, l'autre par votre cousin ; il existe, en effet, un titre en vertu duquel le propriétaire de l'une des deux pièces doit le passage au propriétaire de l'autre. Tant que les deux champs ont été dans une seule main, il n'y avait pas lieu d'exercer la servitude ; elle était donc éteinte de fait temporairement, et elle l'aurait été pour toujours, si votre oncle avait laissé ses deux pièces de terre à un seul héritier. Aujourd'hui les circonstances ont changé : la terre est partagée, le titre reprend sa valeur, et la servitude renaît tout naturellement. Elle ne serait définitivement éteinte que si l'interruption dans l'usage de la servitude avait duré 30 ans, sans discontinuer ; cette interruption n'a pas été de plus de 25 ans ; donc la renaissance de la servitude, fondée sur un titre, est de plein droit ; donc vous devez le passage sur votre luzerne, à votre cousin Larcher.

— Comment, monsieur le maire, il faut que je supporte cette servitude, et il n'y a pas moyen de m'en dépêtrer ?

— Je n'ai pas dit cela ; rachetez-la ; votre cousin ne demande pas mieux que de vous la vendre ; cela mettra fin au différend et moyennant une légère compensation en argent, ce qui ne vous ruinéra pas : vous serez chez vous.

Ce conseil fut suivi ; Lucas paya et M. de Bonneuil eut soin de faire dresser un acte en bonne forme constatant le rachat de la servitude et son extinction. Cette précaution n'était point inutile : peu de temps après, Larcher étant venu à mourir, ses héritiers prétendirent faire revivre leur droit de passage sur la terre de Lucas, sous prétexte que l'acte n'était pas en bonne forme. Ils savaient bien le contraire ; mais, connaissant l'aversion du bonhomme Lucas pour les procès, ils espéraient l'amener à une transaction et lui soutirer de l'argent.

Lucas s'était si bien trouvé des conseils de M. de Bonneuil qu'il ne manqua pas d'aller le consulter à cette occasion ; il était d'ailleurs tout disposé à transiger avec les héritiers de son cousin.

— Je vous conseille fort de n'en rien faire, lui dit M. de Bonneuil. Transigeriez-vous avec un voleur qui vous demanderait la bourse ou la vie, si vous étiez bien armé pour vous défendre et si vous voyiez un gendarme accourir à votre secours ? Laissez les héritiers de Larcher vous attaquer, s'ils l'osent ; vous êtes armé contre eux d'un acte de cession pour rachat du droit qu'ils réclament ; je réponds de la validité de l'acte, et je fais volontiers fonction de gendarme pour vous soutenir contre les voleurs. Je fais peu de différence entre un voleur de grande route et celui qui cherche à dépouiller un honnête homme de ce qui lui appartient légitimement. Fermez l'oreille à toute proposition de leur part; je ne dis pas que vous gagnerez votre procès; je vous dis que vous n'aurez même pas de procès, j'en suis certain. Faites poser dès aujourd'hui une barrière pour fermer le passage que vous ne leur devez pas; c'est moi, en ma qualité de maire, qui leur ferai signifier procès-verbal par le garde champêtre, s'ils osent toucher à la barrière et passer sur votre terrain sans votre permission.

Lucas, pleinement rassuré par M. de Bonneuil, ferma le passage, repoussa toute proposition tendant à une transaction, et n'entendit plus parler des héritiers de Larcher. On savait dans la commune que M. le maire avait donné raison à Lucas; que c'était lui qui avait dicté l'acte de rachat de la servitude; cela suffit pour déjouer les tentatives des héritiers, qui n'avaient jamais eux-mêmes cru sérieusement que le bon droit fût de leur côté.

CHAPITRE XXX

L'un des penchants déplorables que M. de Bonneuil avait le plus de peine à combattre chez ses administrés, c'est ce qu'on pourrait nommer la passion de la propriété. Pouvoir dire : Ce champ est à moi ! quelque petit que soit le champ, c'est pour l'habitant des campagnes qui ne possède rien son unique ambition, le rêve de toute sa vie : travaux, privations, rien ne lui coûtera pour réaliser ce rêve et sortir de la classe des manœuvres, vivant exclusivement du salaire quotidien, pour passer dans la classe plus considérée, des petits propriétaires.

— Assurément, disait M. de Bonneuil en causant avec les bonnes gens de sa commune, c'est un sentiment louable qui vous fait désirer si vivement d'acquérir, à force d'ordre, de travail et d'économie, un champ que vous puissiez léguer à vos enfants; mais il ne faut pas que ce désir vous fasse illusion quant à la possibilité de le satisfaire. Si vous voulez en croire mes conseils et ceux de la raison, n'achetez jamais que quand vous disposez réellement et actuellement de la somme nécessaire pour solder immédiatement les trois quarts au moins du prix d'acquisition. Autrement les ressources sur lesquelles vous aurez compté pour payer vous manqueront au moment du besoin; il y a le chapitre des accidents, les mauvaises récoltes, les maladies qui viennent quand on ne les attend pas. Vous emprunterez pour payer; les intérêts vous ruineront; le remboursement deviendra de plus en plus impossible; vous vivrez misérablement, sous le poids de dettes écrasantes que vous ne pourrez acquitter, et, pour avoir voulu être propriétaire à tout prix, vous aurez plongé votre famille dans les plus cruels embarras.

Faites aussi bien attention, quand vous faites une acquisition, aux garanties que peut offrir le vendeur; prenez bien vos informations, et sachez parfaitement ce que vous achetez; assurez-vous que la propriété vendue est bien à celui qui la vend, sans quoi, après avoir employé pour la payer toutes vos économies, vous courez risque d'être évincé. Je sais bien que la loi vous donne recours en ce cas contre le vendeur; mais s'il a reçu votre argent, qu'il l'ait mangé, et que d'ailleurs il ne possède rien, le recours est complétement illusoire. Cet avis s'adresse tout particulièrement à vous, Laurent, qui êtes, dit-on, en pourparler avec Larcher pour lui acheter sa grange et son pré ; je crois bien que le bâtiment n'est guère solide, et que la prairie doit être grevée d'anciennes servitudes, je vous en avertis.

Les prévisions de M. de Bonneuil ne tardèrent pas à se réaliser. Laurent vint réclamer, peu de temps après, ses bons offices pour parer à un désastre dont il était menacé.

— Ah ! monsieur le maire, lui dit Laurent, si j'avais eu assez de bon sens pour vous croire ! Mais je convoitais depuis si longtemps la grange et la prairie à Larcher que je me suis hâté d'acheter, comme un sot, aussitôt que j'ai eu assez d'argent pour payer. La grange était pleine de gerbes, jusqu'aux combles ; je n'ai pu vérifier ni l'état de la charpente, ni celui des murs en dedans ; la grange avait assez de mine au dehors ; les murs étaient dégradés et lézardés à l'intérieur ; la moitié du toit s'est effondrée, et tout un pignon est tombé d'un seul bloc. Ce n'est pas tout : une servitude dont je n'avais pas connaissance, parce que les ayants droit n'en avaient pas usé depuis nombre d'années, m'oblige à livrer passage, à travers toute la longueur de mon pré, au propriétaire de la nouvelle papeterie, pour qu'il prenne dans le ruisseau qui coule au bas l'eau nécessaire au service de sa fabrique ; c'est-à-dire que je me suis ruiné pour acheter, au lieu d'une grange, un tas de décombres que je n'ai pas le moyen de refaire le bâtiment, et que, dans ma prairie, je ne suis plus chez moi : me voilà bien !

— Quant au pré, dit M. de Bonneuil, vous subissez ce que la loi nomme une éviction partielle, pour cause de servitude secrète; il n'y a pas grand'chose à faire à cela, parce que les servitudes de ce genre sont facultatives; le droit ne se perd pas quand on n'en use point; on peut toujours en réclamer l'exercice à un moment donné. Cependant vous avez recours contre le vendeur; il vous doit un dédommagement s'il est prouvé qu'au moment de la vente il savait que la servitude existait et que les ayants droit ne tarderaient pas à s'en prévaloir; car, s'il vous en avait prévenu, ou bien vous n'auriez point acheté sa propriété, ou bien vous l'auriez nécessairement payée moins cher.

— Il le savait, monsieur, il le savait sans aucun doute, tout comme il savait dans quel état était sa grange, où je n'étais jamais entré, et dont le toit ne tenait ni à fer, ni à clou. Faut-il que je me sois laissé duper de la sorte !

— La sottise est faite, dit M. de Bonneuil, il n'est plus question de savoir s'il aurait mieux valu ne pas la faire; il s'agit de vous en tirer au meilleur compte possible. Avant tout, votre vendeur est-il solvable? C'est le point capital. S'il ne l'est pas, qu'il serait plus inutile d'intenter un procès qui n'aboutirait à rien; vous en seriez pour vos frais.

— Quant à cela, dit Laurent, Larcher est plus que solvable; il est riche comparativement à moi, et c'est justement ce qui me fait craindre de plaider contre un homme qui a peu de bonne foi et beaucoup d'argent.

— Ne plaidez pas ; tâchons d'arranger l'affaire sans procès. Exposez-moi clairement ce que vous désirez. D'après la loi, la vente ne peut être résiliée que si la servitude dont vous n'avez pas eu connaissance diminue d'un vingtième au moins la valeur de l'objet vendu. Croyez-vous, en conscience, être lésé d'un vingtième ?

— En conscience, non, dit Laurent ; en donnant le sentier que je dois pour le passage, le long de la haie du voisin, au lieu de laisser les ouvriers de la fabrique passer tout au beau milieu du pré, le tort qui en résultera ne sera pas aussi grave pour moi, et d'ailleurs, malgré la servitude, je ne demanderais par l'annulation du marché.

— Ceci facilite un accommodement, dit M. de Bonneuil ; et quant à la grange, quelles seraient vos prétentions ?

— Pour la grange, dit Laurent, la mauvaise foi de Larcher est évidente ; il savait qu'elle ne tenait à rien, que je n'avais pas pu la visiter, puisqu'elle était pleine de gerbes, et qu'elle tomberait au premier jour ; je demanderais, si je plaidais, qu'il me la fît rebâtir à neuf ; mais l'obtiendrais-je ?

— C'est selon, dit M. de Bonneuil. Quand le toit et le pignon sont tombés, y avait-il eu un orage, un ouragan, un vent violent de nature à déterminer la chute et à pouvoir mettre cet accident sur le compte d'une cause de force majeure ?

— Il faisait ce jour-là, monsieur, le plus beau temps du

monde, et il est facile de le prouver ; c'était le jour de la foire ; plusieurs personnes ont failli être atteintes par les débris de la toiture et du pignon ; l'accident a eu des centaines de témoins. Si Larcher qui voulait vendre, et qui, pour cette raison, ne voulait pas faire de réparations à sa grange, l'avait entretenue comme je le croyais, elle ne se serait pas écroulée huit jours après la vente.

— Ainsi, dit M. de Bonneuil, vous pouvez établir que la dégradation de l'objet vendu provient exclusivement du fait du vendeur ?

— Oui, assurément, et j'en ai dix preuves pour une.

— Alors laissez-moi faire ; tout peut s'arranger. Ne soyez pas trop exigeant quant à l'indemnité pour la servitude, puisque vous ne voulez pas rompre le marché ; consentez à un dédommagement équitable pour la reconstruction de la grange, et vous n'aurez pas encore, en fin de compte, trop à vous repentir de votre acquisition.

— Je vous donne carte blanche, dit Laurent, et si je puis obtenir à peu près ce qui me revient, je vous en serai mille fois reconnaissant et me tiendrai pour plus que satisfait.

Larcher fut assez difficile à amener à la raison ; mais, quand M. de Bonneuil lui eut fait lire le texte de la loi, et qu'il eut vu à quoi il pouvait être exposé s'il voulait soutenir un procès injuste, sur les justes remontrances de M. de Bonneuil, il s'exécuta. L'indemnité pour la servitude du passage à travers la prairie fut réglée de gré à gré, à des conditions équitables, et, quant à la grange, Larcher, bien certain que, comme le lui disait M. de Bonneuil, il passerait pour un fripon toute sa vie s'il se faisait tirer l'oreille pour réparer le dommage, envoya sans rien dire le maçon et le charpentier relever la bâtisse écroulée : bon procédé dont Laurent fut si satisfait qu'il consentit de son plein gré à une réduction sur l'indemnité due par Larcher au sujet de la prairie.

— Je suis heureux, leur dit M. de Bonneuil qui les avait invités à déjeuner pour sceller leur réconciliation, de vous trouver l'un et l'autre raisonnables et accommodants ; quand je préviens un procès entre les gens de la commune, c'est pour moi comme si je l'avais gagné !

CHAPITRE XXXI

Les contributions étaient l'un des objets au sujet des
quels M. de Bonneuil étaient le plus souvent consulté, et
sa réputation de savoir en toute matière administrative
était si bien établie que personne ne songeait à appeler de
ses décisions. A son entrée en fonctions, il avait trouvé
sous ce rapport les choses assez mal en ordre dans la
commune. Les uns, c'était le plus petit nombre, payaient
moins qu'ils ne devaient ; ils le savaient, et ne disaient
rien. Les autres payaient plus qu'ils ne devaient, et leurs
réclamations, présentées tardivement ou en dehors des
règles administratives, aboutissaient rarement à un dégrèvement. Quand le premier qui, encouragé par la bien-

veillance de M. le maire, était venu le consulter pour une affaire de ce genre, eut obtenu prompte satisfaction, tout le monde accourut, persuadé que M. de Bonneuil avait le crédit de faire dégrever les contribuables à sa volonté.

— Doucement, mes amis, dit M. de Bonneuil ; je n'ai, en matière d'impôt, aucune espèce d'autorité ; mais, quand vous avez été trop imposés, je puis vous éclairer sur les démarches à faire pour faire valoir vos droits, et cela, je le ferai toujours avec plaisir. En acceptant les fonctions de maire, j'ai pris avec moi-même l'engagement de vous être, à tous, le plus utile que je pourrais. Le père François, le marchand de bœufs, que je viens de faire dégrever, payait depuis plusieurs années une patente fort lourde, comme faisant le commerce des bestiaux ; évidemment il ne la devait pas selon la loi, par cela seul qu'il n'a jamais acheté de bœufs pour les revendre. Ses terres à lui et celles qu'il tient en location étant très-bien cultivées en prairies artificielles et en racines fourragères, il élève beaucoup de bétail, il en engraisse tous les ans un nombre considérable ; puis, dans la saison, il enfourche son bidet, et, suivi de ses deux chiens, il court les foires, vend lui-même son bétail et en obtient un meilleur prix que s'il le vendait dans ses étables, à des marchands qui les achèteraient naturellement pour les revendre avec bénéfice. Or, d'après la loi, le père François n'a pas plus besoin de patente pour vendre ses bœufs en foire ou ailleurs, que vous tous n'avez à payer patente de marchands de grains pour vendre vos blés, vos orges et vos avoines : c'est la même chose.

— Pourtant, monsieur, dit un des assistants, le père François avait réclamé à la préfecture, et le conseil général du département avait maintenu sa patente, et c'est vous, tout de même, qui avez fait casser la décision. Ça montre bien que vous avez, comme tout le monde le dit, les bras plus longs qu'on ne croit, et puisque vous vous en servez dans notre intérêt, nous devons nous en féliciter.

— Vous êtes dans l'erreur, mes bons amis, dit M. de Bonneuil, la réclamation de François ne mentionnait pas les circonstances qui lui donnaient droit ; le conseil prit des informations ; François était connu dans tout le département comme marchand de bœufs ; sa patente fut maintenue : elle devait l'être. Moi, je lui ai fait renouveler sa réclamation, en attestant, ce qui est l'exacte vérité que jamais il n'a vendu de bœufs que ceux qu'il nourrit et engraisse sur son propre terrain, avec les produits de ses cultures ; tout aussitôt il a été exempté de patente sans difficulté ; il l'aurait été de même sur une semblable attestation de mon prédécesseur auquel il n'avait jamais songé à la demander.

— Et moi, monsieur, dit un fermier, serais-je aussi heureux que mon voisin le père François ? Je n'ai pas réclamé quand j'ai vu que lui, dont le bon droit me paraissait clair comme le jour, n'était pas parvenu à se faire dégréver ; je prends la liberté de vous consulter sur la forme que je dois donner à ma réclamation pour qu'elle soit admise.

— Voyons d'abord si elle est fondée, dit M. de Bonneuil.

— Je le crois, dit le fermier. J'ai semé, il y a quatre ans, des graines de pin d'Écosse et des glands de chêne blanc, sur une dizaine d'hectares de terre en friche, sur la pente d'un coteau ; j'étais ou du moins je croyais être dans les termes de la loi pour ne rien payer sur ces terrains boisés pendant 20 ans : pas du tout. Je suis imposé sur ces 10 hectares comme si c'était des bois en coupe réglée, et mes réclamations réitérées demeurent sans résultat. Comme, au bout du compte, la somme n'est pas énorme, je paye et je me tais ; faut-il continuer, et dois-je toujours payer une contribution qu'en conscience je ne dois pas ?

— J'ai entendu parler de cette affaire, dit M. de Bonneuil ; vous ignoriez probablement que, pour avoir droit à une exemption de cette nature, il faut, avant toute opération de défrichement, plantations ou boisements, adresser à la sous-préfecture la désignation des terrains que vous vous proposez d'améliorer, l'attestation comme quoi ces terrains étaient en friche depuis plus de 10 ans, et votre demande d'exemption d'impôt foncier sur ces terrains après qu'ils auraient été boisés ; je parie que vous n'avez rien fait de tout cela ?

— Le receveur et les gardes forestiers qui m'ont vu à l'ouvrage auraient bien dû m'avertir.

— Ce n'est pas leur service, et ils n'y étaient pas obligés ; leur avez-vous demandé leur avis quand vous avez réclamé ?

— J'avoue que non, et je vois qu'il n'y a rien à faire pour moi, si ce n'est de payer comme par le passé.

- C'est ce que nous verrons, dit M. de Bonneuil; un rapport favorable de l'inspecteur des forêts et une nouvelle demande que je me ferai un plaisir d'appuyer auprès du préfet feront probablement passer par-dessus l'inobservation d'une formalité que vous avez omise.

— Je ne comprends pas trop, dit le fermier, en quoi une négligence peut me faire perdre mon droit.

—Ah! mon cher voisin, dit M. de Bonneuil, quand vous avez affaire à la sous-préfecture ou à la préfecture, vous vous plaignez un peu comme tout le monde de ce qu'on nomme les lenteurs administratives ; que serait-ce donc, bon Dieu! si toutes les fois que quelqu'un adresse une réclamation en dégrèvement, il fallait faire une enquête pour s'assurer s'il a tort ou raison? Aucune affaire n'arriverait à sa fin. Vous, par exemple, en envoyant à la sous-préfecture la déclaration de votre intention de boiser un sol en pente, avec l'attestation de l'état inculte de ce sol depuis plus de 10 ans, vous remettiez aux bureaux une affaire toute faite; le boisement opéré, on ne vous eût pas même adressé de cote de contribution. A présent, il faut vérifier si c'est bien vous qui avez boisé ce terrain, si avant le boisement il était inculte depuis plus de 10 ans, et une foule d'autres détails; c'est à n'en pas finir. Les formalités préalables ont donc parfaitement leur raison d'être, et si chacun les négligeait comme vous l'avez fait, jamais personne n'en viendrait à bout. Heureusement cela n'arrive que par exception, et, je le répète, bien que vous soyez dans votre tort, comme vous avez droit au fond et que votre opération de boisement est en quelque sorte d'utilité publique, je crois pouvoir vous répondre que vous serez dégrévé.

— Moi, monsieur, dit un autre, j'ai été tout étonné de recevoir un avertissement de contribution personnelle et mobilière pour feu ma pauvre tante Charlotte, qui est morte il y a six semaines.

— Si votre tante est morte, dit M. de Bonneuil, il est clair qu'elle ne doit pas de contributions.

— Il paraît pourtant, monsieur, que cela n'est pas clair du tout pour le receveur, qui m'a donné un second avertissement, puis un troisième avec menace de saisie, si je ne payais pas.

— S'il y a menace de saisie, dit M. de Bonneuil, c'est probablement qu'il y a quelque chose à saisir. Vous avez hérité de votre tante et vous occupez, je crois, sa maison toute meublée?

—Oui, monsieur, mais tout est bien à moi, et j'ai payé les droits de succession dont j'ai la quittance.

— Alors, mon ami, vous devez payer.

— Comment! payer les contributions pour ma pauvre tante qui est enterrée ?

—Assurément. Il n'y a qu'une erreur dans cette cote ; l'impôt personnel n'est pas dû, la personne étant décédée ; mais l'impôt mobilier est dû par vous, puisque vous occupez la maison et que vous vous servez des meubles de la défunte ; vous ne pourriez réclamer que sur les quelques francs du personnel, et la somme est tellement insignifiante qu'elle n'en vaut vraiment pas la peine ; quant au reste, il faut vous exécuter, et le plus tôt sera le mieux ; car, faute de payement, le receveur ne fera que son devoir en opérant chez vous une saisie.

C'est ainsi qu'en éclairant ses administrés sur leurs droits et leurs obligations, M. de Bonneuil avait réussi à donner à ses conseils une autorité qui, comme il l'avait espéré en acceptant la mairie, lui permettait de faire un peu de bien et d'empêcher beaucoup de mal. Il savait que, comme l'a dit un mathématicien qui était en même temps profond moraliste : « *Il n'y a pas de petite fraction à négliger dans la somme du bien possible.* »

CHAPITRE XXXII

Ne faites jamais d'affaires avec ceux que vous savez être de mauvaise foi ; ces gens ne font jamais que de bonnes affaires, bonnes pour eux, bien entendu ; d'une affaire qui pourra vous sembler bonne, ils sauront en faire une mauvaise pour vous, rapportez-vous en à eux. C'est ce que ne cessait de répéter M. de Bonneuil à ceux de ses voisins qu'il voyait sur le point de s'embarquer dans des transactions avec des fripons : il y en a malheureusement un peu partout ! Aussi, le cas échéant, se mettait-il en quatre pour réparer le mal quand il n'avait pas pu le prévenir, et, quoique la chose fût souvent fort difficile, il y réussissait quelquefois.

Le bonhomme Lucas, après une mauvaise récolte, avait emprunté deux cents francs à un usurier de village, prêteur à la petite semaine. L'échéance venue, il paya, capital et intérêts, intérêts plus qu'usuraires, cela va sans dire; il prit quittance et s'estima heureux d'avoir pu se tirer des griffes d'un homme qui avait déjà réduit à la misère une foule d'honnêtes gens; aussi passait il pour très-riche.

Un mois plus tard, quel fut l'étonnement de Lucas lorsqu'il reçut une assignation au nom de son prêteur, pour avoir à lui rembourser une somme de trois cents francs, avec l'intérêt légal à 6 pour cent, à dater du jour du prêt! C'était, par parenthèse, le moyen aussi simple qu'ingénieux employé par l'usurier pour prêter à 50 et 60 pour cent; quand il prêtait deux cents francs, il faisait souscrire une obligation de 300 francs, sur laquelle il ne prélevait que l'intérêt légal. Lucas, dans un moment de détresse, avait été forcé d'en passer par là, comme tous ceux qui avaient le malheur d'avoir affaire à ce même usurier, lequel, grâce à cette mesure de précaution, n'avait jamais été ni poursuivi pour usure habituelle, ni troublé dans l'exercice de son honorable profession.

Au reçu de l'assignation, Lucas courut à son tiroir pour prendre sa quittance; elle n'y était plus, et il eut beau bouleverser le peu de papiers que le tiroir contenait, la malheureuse quittance ne se retrouva pas! Éperdu, ne sachant où donner de la tête, Lucas alla chercher près de de M. de Bonneuil des secours et des conseils.

— Ce qui me passe, disait Lucas, ce n'est pas d'avoir perdu ma quittance : un papier peut s'égarer; mais comment l'usurier a-t-il pu savoir que je l'avais perdue?

— Peut-être, dit M. de Bonneuil, avez-vous laissé tomber ce papier de votre poche dans la rue, et est-ce lui qui l'aura ramassé?

— Pour cela, non. Je suis aussi sûr que de mon existence que j'ai rapporté la quittance à la maison, et que je l'ai serrée dans le tiroir où elle n'est plus.

— Êtes-vous également sûr d'avoir bien fermé vos portes toutes les fois que vous êtes allé travailler aux champs avec votre famille, sans laisser personne à la maison? Avez-vous toujours eu sur vous la clef de votre tiroir?

Lucas avoua que rien ne fermait à clef chez lui, et que, bien rarement, il fermait sa porte autrement qu'au loquet. Mais, quelque mauvaise opinion qu'il eût de son prêteur, il ne pouvait se résoudre à croire qu'il fût venu chez lui en son absence reprendre sa quittance pour se faire payer deux fois.

— Vous êtes naïf, dit M. de Bonneuil. Celui qui écorche habituellement son prochain par la plus effroyable usure ne doit guère se faire de scrupule de prendre un chiffon de papier pour gagner trois cents francs, surtout quand il sait qu'il a affaire à un homme solvable comme vous. Je parierais que l'usurier a pris lui-même sa quittance dans votre tiroir, et si cela est, vous aurez payé un peu cher pour apprendre à fermer vos portes et vos tiroirs, mais vous paierez; il n'y a pas moyen de l'éviter. Néanmoins laissez-moi fureter dans votre logis; vous étiez fort troublé; vous pouvez avoir mal cherché, et finir par en être quitte pour une fausse peur.

Les recherches les plus minutieuses de Lucas et de M. de Bonneuil n'amenèrent aucun résultat, et M. de Bonneuil allait se retirer après avoir offert à Lucas de l'aider de sa bourse pour parer à ce revers imprévu, lorsqu'en se retournant sur le seuil de la porte, il vit un des plus jeunes enfants de Lucas jouant par terre avec de petites *cocottes* de papier blanc.

— Voici, dit-il en s'emparant des cocottes et les dépliant l'une après l'autre, des papiers que nous n'avons pas visités; il ne faut rien négliger.

Or, l'une des cocottes était faite d'un morceau de papier roussi par le feu, et sur lequel il restait un timbre et les mots suivants : Je, soussigné, reconn... plus la moitié de la signature et la date, le tout parfaitement lisible.

— Ah! ah! dit M. de Bonneuil! L'écriture de notre homme! c'est bien ce que j'avais présumé; c'est comme si je l'avais vu. Il est venu en votre absence; il a trouvé, selon votre louable coutume, la porte ouverte, le tiroir ouvert; il s'est emparé de la quittance; puis, voyant du feu dans la cheminée, il y a jeté le papier, et, sans doute effrayé par quelque bruit, il sera sorti précipitamment sans se donner le temps de voir brûler en entier sa quittance. Ce qui en reste vaut son pesant d'or, nous le tenons !

— Est-ce que cela suffit pour faire punir le vol de la quittance? car c'est un véritable vol, et des plus hardis !

— Malheureusement cela ne suffit pas, dit M. de Bonneuil; le voleur pourra soutenir que vos enfants ont joué avec le papier, qu'ils en ont laissé brûler une partie, et que lui n'y est pour rien. Quant à son assignation, il la mettra sur le compte d'un défaut de mémoire involontaire, et nous n'avons pas en main de quoi le faire poursuivre comme voleur. Mais vous ne payerez pas deux fois, et pour vous, c'est l'essentiel. Ne dites-rien; laissez-vous assigner; je serai à l'audience : nous rirons !

Le jour de l'audience, il y avait foule à la justice de paix; car Lucas, sans dire sur quoi se fondaient ses espérances, s'était vanté qu'il ne payerait pas l'usurier, et plusieurs litres avaient été pariés sur cette question : Lucas payera? Lucas ne payera pas?

Après examen sommaire de l'affaire, le juge de paix déclara qu'à son grand regret, et quoique la bonne foi de Lucas ne lui parût pas douteuse, son adversaire avait un titre auquel il n'y avait rien à opposer. Quant à la preuve par témoins, elle ne pouvait être admise contre une preuve par écrit.

En ce moment M. de Bonneuil demanda la parole pour Lucas, et elle lui fut accordée. Il tira de sa poche une petite cocotte de papier, la prit entre deux doigts, et dit en la montrant au juge de paix :

— Monsieur le juge, lorsqu'il était petit garçon, a-t-il jamais fait des cocottes en papier? Moi, je déclare que j'en ai fait souvent. Les enfants de mon client Lucas en font aussi ; en voici une que je prie M. le juge de déplier avec précaution, afin de n'en pas déchirer le papier sur lequel je me permets d'appeler son attention. Le timbre n'est pas contestable; c'est bien un timbre de quittance ; la signature, dont nous présentons la moitié, est celle de notre adversaire; la date existe tout entière, et, quoique le reste de la quittance nous manque, on ne peut nier que nous ne possédions, dans cette cocotte en papier, un commencement de preuve par écrit.

Tout le monde riait, excepté l'usurier.

— Je ne dis pas, poursuivit M. de Bonneuil, que notre adversaire est de mauvaise foi : un manque de mémoire, cela peut arriver à tout le monde. D'autres pourraient insinuer que cet oubli chez un homme si soigneux de ses intérêts est peu naturel; d'autres chercheraient à montrer que la perte de la quittance en partie brûlée semble avoir quelque chose de moins naturel encore; moi, je m'en tais, de crainte d'en mal parler ; je me borne à faire remarquer que la loi, en présence d'un commencement de preuve par écrit, autorise M. le juge à nous accorder la preuve par témoins, et nous pouvons prouver par témoins, entre autres par moi, qui ai vu la quittance entière entre les mains de Lucas, que nous avons payé, très-bien payé, et que nous ne devons pas un centime.

— La cause est entendue, dit le juge de paix. L'usurier fut débouté de sa demande et condamné aux dépens.

— Que cela vous apprenne, dit M. de Bonneuil à ceux qui félicitaient Lucas au sortir de l'audience, à ne jamais recourir aux usuriers, à ne jamais faire un payement important, si ce n'est en présence de témoins, et à fermer clef vos portes et vos tiroirs.

CHAPITRE XXXIII

Prosper, l'ancien marchand de laines retiré du commerce, ayant à régler des affaires de famille assez compliquées dans un département éloigné de son domicile, s'était décidé à envoyer sa procuration; il avançait en âge et n'aimait point à se déplacer; d'ailleurs le soin de ses ruches, dont le nombre augmentait d'année en année, réclamait impérieusement sa présence. Craignant, par discrétion, de déranger M. de Bonneuil pour lui demander un modèle de procuration, il en fit faire un par un homme de loi. Mais en relisant cet écrit, il lui sembla qu'avant de le signer et de l'envoyer, il ferait prudemment de prendre l'avis de M. de Bonneuil.

— Celui qui a écrit ce modèle de procuration, dit M. de Bonneuil connait la loi; c'est bien là une procuration générale, conforme aux termes de la loi; il n'y a rien à y reprendre; et pourtant, mon cher Prosper, si j'ai un conseil à vous donner, c'est de ne jamais mettre entre les mains de personne, pour quelque affaire que ce soit, un pouvoir semblable, revêtu de votre signature.

— Je me doutais bien, dit Prosper, que j'allais faire une sottise; faut-il donc que j'aille moi-même régler mes affaires là-bas? Et pendant mon absence, que deviendront mes pauvres mouches, qui vont essaimer?

— Je ne vous conseille pas, dit M. de Bonneuil, de ne pas envoyer une procuration à quelqu'un que vous jugez digne de votre confiance; je vous engage seulement à ne pas donner de procuration générale, et je dois, pour votre instruction, motiver mon avis.

L'individu quelqu'il soit, porteur de votre procuration générale, vous représente, si je puis m'exprimer ainsi, trop complétement; il peut faire et défaire tout ce que vous pourriez faire et défaire vous-même, payer, recevoir, emprunter, hypothéquer, vendre, sauf à vous rendre ses comptes. Une pareille latitude laissée à un tiers, fût-il le plus honnête homme du monde, est toujours sujette à de très-graves inconvénients. Je puis vous en citer un exemple récent dans ma propre famille. Mon frère, dans une circonstance analogue à celle où vous vous trouvez, et pour les mèmes motifs, avait donné sa procuration générale à l'un de nos parents, homme d'une intégrité et d'une délicatesse à l'abri de tout soupçon. Au moment où il venait de toucher pour mon frère une somme importante, et avant qu'il ait eu le temps de la lui envoyer, le cousin est mort d'apoplexie; ses héritiers, d'avides collatéraux, accourus très-probablement au bruit de sa mort avant l'apposition des scellés, ont pu disposer de l'argent comptant tout à leur aise. A la levée des scellés, il n'y avait rien dans le secrétaire; les débiteurs qui s'étaient acquittés, étant porteurs de quittances délivrées en vertu d'une procuration générale et régulière, ne devaient rien : mon frère a tout perdu. C'est ce qui ne lui serait point arrivé s'il n'avait donné qu'une procuration spéciale, pour un objet déterminé, enjoignant à son fondé de pouvoir de lui faire passer les sommes perçues sans retard, et de lui donner avis des recouvrements dans les 24 heures. Que cet exemple vous serve d'avertissement; spécifiez bien exactement dans la procuration que vous enverrez l'objet du pouvoir accordé et ses limites, et, sans vous déplacer, vos affaires se feront comme si vous alliez les faire vous-même; mais pas de procuration générale!

— Je vais, dit Prosper, me hâter de retourner chez l'homme d'affaires, lui expliquer ce dont il s'agit, me faire faire un modèle de procuration spéciale, et porter ce modèle chez le notaire.

— Ne prenez pas toute cette peine, dit M. de Bonneuil; restez bien tranquillement près de vos abeilles, dont vous

attendez les jeunes essaims d'heure en heure. J'ai du loisir;
expliquez-moi ce dont il s'agit; je ferai bien volontiers le
modèle de la procuration; vous la copierez sur une feuille
de papier timbré, et vous pourrez l'envoyer sans l'intervention du notaire.

— Je ne croyais pas qu'une procuration sous seing
privé fût valable, pour donner pouvoir à un tiers de régler
des comptes passablement compliqués?

— Si ces comptes ne doivent donner lieu à aucun procès,
la procuration notariée n'est pas indispensable; vous pourriez même, à la rigueur, la faire sur papier libre, sous
forme d'une simple lettre. Mais s'il y a lieu de se prévaloir
de la procuration ainsi donnée devant un tribunal, il faut
que cette pièce soit préablement visée et enregistrée, ce
qui donne lieu à des délais qui peuvent avoir des conséquences fâcheuses. Il vaut donc mieux, dans tous les cas,
lorsqu'il n'est pas nécessaire de donner une procuration
notariée, en donner une bien explicite, sur papier timbré.
Une clause qu'il faut éviter dans toute espèce de procuration pour quelqu'objet que ce soit, c'est celle qui autorise le fondé de pouvoir à transmettre son pouvoir à un
autre. Vous pouvez connaître parfaitement celui que vous
chargez de votre procuration, et ne pas savoir s'il ne peut
se laisser tromper par simple imprudence, et passer votre
procuration à quelque individu indigne ou incapable de le
remplacer dans la gestion de vos intérêts.

Tandis que vous êtes ici et pour ne pas vous faire revenir, avez-vous le temps d'écrire la procuration sous ma dictée? Moi, je suis tout à votre disposition.

— Puisque cela ne vous gêne pas, dit Prosper, j'accepte bien volontiers; il est trois heures; celles de mes ruches qui devaient donner leurs essaims aujourd'hui les ont données; je suis libre jusqu'à demain matin.

— Alors, dit M. de Bonneuil, mettez-vous là, et écrivez. Je soussigné, Antoine-François Prosper, rentier, demeurant à (ici la commune, le canton, l'arrondissement et le département), donne pouvoir à M. Sébastien Trophime Leduc, percepteur des contributions à (ici les mêmes indications que ci-dessus), de régler pour moi tous comptes arriérés avec divers fabricants de couvertures de laines et de draps, notamment MM. Jean Robin et Louis Delvigne (ici les domiciles exactement indiqués), et tous autres ayant à régler des comptes avec moi, dans l'étendue de département. La présente procuration comprend expressément le pouvoir de transiger, d'accorder des termes et délais, de donner quittance valable, de poursuivre par toutes les voies de droit le recouvrement de ce qui peut m'être dû. Il est formellement entendu que cette procuration est tout personnelle à M. Sébastien Trophime Leduc, et qu'elle exclut la faculté de transmission de pouvoir à tout autre individu, ledit Sébastien Trophime Leduc devant pour l'objet ci-dessus spécifié, et non pour aucun autre, agir en mon lieu et place pour le mieux de mes intérêts, comme j'agirais moi-même.

— C'est tout, dit M. de Bonneuil; copiez moi cela sur une feuille de papier timbré; n'oubliez pas de mettre la date; signez et mettez à la poste; M. Leduc aura entre les mains un pouvoir parfaitement en règle, et dans aucun cas vos intérêts ne pourront être confiés qu'à celui que vous honorez de votre confiance.

— Prosper ne tarda pas à reconnaître combien M. de Bonneuil avait eu raison de lui recommander de ne pas envoyer de procuration transmissible. Quand celle dont il avait écrit le modèle sous la dictée de M. de Bonneuil fut arrivée à sa destination, M. Leduc venait d'être nommé à un emploi supérieur dans un département voisin; il ne pouvait plus se charger des affaires de Prosper. En l'informant de cette circonstance, M. Leduc lui recommandait, comme pouvant le remplacer dans l'arrangement de ses affaires, un individu que Prosper connaissait à la vérité pour un fort honnête homme, mais en même temps pour un homme négligent, insouciant, peu soigneux de ses propres intérêts, tout à fait incapable de gérer ceux d'autrui.

— Vous le voyez, dit M. de Bonneuil, avec quelques mots de moins dans votre procuration, M. Leduc aurait pu transmettre votre pouvoir à qui il aurait voulu, et vos intérêts seraient en ce moment entre les mains d'un homme en qui vous dites que vous ne pouvez avoir aucune confiance. Au moins, dans l'état actuel des choses, vous en êtes quitte pour annuler un pouvoir qui ne vous a coûté qu'une feuille de papier timbré, et vous n'avez qu'à choisir un autre mandataire capable de faire vos affaires comme vous l'entendrez.

CHAPITRE XXXIV

Pénétré de reconnaissance pour l'heureuse issue de sa réclamation contre l'usurier, le bonhomme Lucas se serait mis au feu pour M. de Bonneuil, qui lui rendait de temps en temps une petite visite d'amitié. Il le trouva un jour occupé à lire une lettre qu'il venait de recevoir de son frère, serrurier-mécanicien à la ville voisine.

— C'est toujours pour moi, dit Lucas, un honneur et un plaisir quand je reçois votre visite, monsieur le maire ; aujourd'hui en particulier, je suis doublement heureux de vous voir ; j'ai une consultation à vous demander pour mon frère Georges, le mécanicien ; il sait dans combien de circonstances vos bons conseils m'ont été utiles ; il me charge de vous prier de lui donner votre avis dans une affaire pour lui très-fâcheuse. Il a acheté, le mois dernier, par un acte sous seing privé, le brevet d'un inventeur pour un excellent semoir ; il a payé ce brevet comptant et fort cher, et les commandes affluaient à son atelier, de sorte qu'il croyait avoir fait une très-bonne affaire. Avant-hier, un autre mécanicien lui a fait signifier par huissier un acte authentique de vente par-devant notaire du même-brevet, dont il se prétend acquéreur. Mon frère s'est empressé de consulter un homme de loi qui lui a dit qu'un acte sous seing privé est nul de plein droit, quand on lui oppose un acte authentique, par-devant notaire ; que le second acquéreur est, en droit, le seul propriétaire légal du brevet, et qu'après l'avoir acheté et payé, ayant en poche la quittance, il ne peut cependant élever aucune prétention. Est-ce possible ?

— Très-possible, dit M. de Bonneuil. L'acte sous seing privé est excellent et très-suffisant entre honnêtes gens ; il est à peu près sans valeur dès qu'on a affaire à un fripon, et votre frère Georges l'éprouve à ses dépens.

— Comment la loi peut-elle autoriser une pareille friponnerie ?

— Elle ne l'autorise nullement ; mais, en raison même des frais qu'entraîne un acte authentique, des formalités auxquelles est assujetti son accomplissement, la loi le rend exécutoire par sa propre force ; elle met la force publique

à la disposition de la partie intéressée, dans le cas où l'acte
n'est pas exécuté. Était-il possible de donner la même
sanction, la même valeur à un acte passé entre particuliers,
sans l'intervention d'aucun officier public? Évidemment,
non. Quand l'exécution d'un acte sous seing privé est con-
testée ou refusée, il faut un procès; c'est à celui qui réclame le bénéfice de l'acte à en démontrer la validité, à
prouver, par exemple, que la signature est véritable, si
celui qui l'a donnée la nie, ou si, le signataire étant mort,
ses héritiers ne reconnaissent pas sa signature. Cette
preuve fournie, un jugement intervient, et c'est seulement
alors que l'acte contesté devient exécutoire. L'acte authentique n'est jamais contesté, et il ne peut l'être ; il est exécutoire immédiatement. Si toutes ces considérations étaient
suffisamment comprises, chaque fois qu'il s'agit d'une
transaction de quelque importance, chaque fois qu'il peut
y avoir lieu de soupçonner la délicatesse de celui avec lequel on doit traiter, on ne se contenterait pas d'un acte
sous seing privé, et tous les actes seraient authentiques.

— Ainsi, dit Lucas, je dois écrire à mon pauvre Georges
que son affaire est mauvaise et que son argent est perdu.

— Pas précisément, dit M. de Bonneuil; votre frère
peut poursuivre son vendeur, et, s'il est solvable, le tribunal le condamnera à payer à votre frère, non-seulement
le prix de son brevet dont il ne profite pas, mais encore
des dommages-intérêts.

— S'il n'a que cette ressource, dit Lucas, il fera aussi

bien de se tenir pour volé ; l'inventeur, ayant reçu de deux côtés le prix de son brevet, s'est hâté de partir pour la Russie ; mon frère n'a même pas d'adversaire contre lequel il puisse plaider, puisqu'il paraît, d'après ce que vous dites, que le second acquéreur du brevet n'est pas attaquable.

— Il ne l'est pas, en effet ; les actions de son vendeur ne peuvent le regarder ; je ne puis que conseiller à votre frère de prendre son parti et de ne plus se contenter d'un acte sous seing privé dans un cas pareil : conseil superflu, car je suppose bien que, si c'était à refaire, il ne s'y laisserait plus attraper.

Quelque temps après, un oncle de M. Robert vint à mourir presque subitement ; il laissait une fortune assez considérable. Dans les papiers de la succession on trouva un testament olographe, tout entier de la main du testateur, qui léguait tout son avoir à un parent éloigné, sans alléguer de motifs particuliers, et qui ne faisait même pas mention du neveu Robert. Or, depuis plus de dix ans, l'oncle décédé avait été logé et choyé chez M. Robert, dont la famille lui avait prodigué les soins affectueux si nécessaires aux vieillards ; c'était un caprice inexplicable, dont on ne devait d'ailleurs être que médiocrement surpris de la part d'un homme qui avait toujours été d'un caractère fantasque et difficile à vivre.

Quand l'héritier favorisé vint prendre possession d'une succession inattendue, dont au reste il n'avait pas besoin, étant par lui-même beaucoup plus riche que le défunt ne l'avait jamais été, M. de Bonneuil dit à son ami M. Robert :

— Laissez-moi examiner avec soin le testament de feu votre oncle. Il n'entendait pas grand'chose aux affaires, le cher homme, que Dieu ait son âme! Il n'a jamais voulu prendre conseil du notaire, afin d'éviter les frais, car il craignait Dieu et la dépense, la dépense surtout. Peut-être cet acte n'est-il pas aussi valable que paraît le croire celui auquel il profite.

M. de Bonneuil lut et relut à loisir le testament; il l'avait parcouru plusieurs fois sans y rien remarquer qui fût de nature à en altérer la validité, lorsqu'il s'aperçut d'une particularité qui lui avait d'abord échappé, et qui rendait l'acte parfaitement nul. Sûr de son fait, il ne dit rien, prit une copie exacte du testament et se trouva chez M. Robert le jour de l'arrivée du cousin. Celui-ci, noir des pieds à la tête, allait, après les compliments d'usage, procéder à l'inventaire des effets de la succession ; M. de Bonneuil l'arrêta.

— Ne prenez pas, lui dit-il, une peine inutile : la succession regarde exclusivement M. Robert, le plus proche parent du défunt.

— Et le testament? dit le cousin.

— Le testament, mon cher monsieur, est nul, de toute nullité ; vous pouvez vous en convaincre par vos propres yeux ; regardez au-dessus de la signature. La date manque ; le défunt, s'il avait fait son testament par-devant notaire, aurait assuré l'exécution de ses dernières dispositions ; car la formalité nécessaire de la date n'aurait pu être omise par le notaire ; mais le testament est olographe ; l'absence de date le rend nul et de nul effet ; du reste, la place de la date, comme vous pouvez le voir, a été laissée en blanc. Peut-être le défunt s'était-il repenti d'avoir déshérité son neveu Robert, et a-t-il à dessein omis de dater son testament. Quoi-qu'il en soit, c'est comme s'il n'existait pas ; la succession est bel et bien acquise à l'héritier le plus proche dans l'ordre naturel, et vous ne pouvez y avoir aucun droit.

Le cousin désappointé ne pouvait comprendre comment l'homme d'affaires auquel il avait montré le testament n'avait pas découvert cette cause de nullité ; il ne pouvait y croire ; il parlait de soutenir devant les tribunaux ce qu'il s'obstinait à nommer ses droits. Il se lamentait surtout au sujet de ses frais de déplacement et de deuil qui, s'il perdait, allaient se trouver perdus !

— Ne plaidez pas, dit M. de Bonneuil ; nul avocat, nul avoué ne se chargera d'un procès fondé sur un testament olographe sans date, pièce radicalement nulle selon la loi. Quant à vos frais de costume et de voyage, je suis persuadé que mon ami, votre cousin Robert, ne demandera pas mieux que de vous en tenir compte, d'autant plus que c'eût été à lui de vous prévenir de la nullité de l'acte sur la foi duquel vous vous êtes déplacé.

M. Robert s'empressa d'adhérer aux paroles de M. de

Bonneuil, et le cousin s'en retourna moins joyeux, on peut le croire, qu'il n'était venu, à l'appât d'un riche héritage qui lui glissait entre les doigts.

CHAPITRE XXXV

Il n'y a pas de pays au monde où l'impôt personnel le plus lourd de tous, celui qui pèse sur les jeunes gens pour le recrutement des armées de terre et de mer, soit acquitté avec plus de bonne volonté et d'entrain qu'il ne l'est en France. La loi, par une prévoyance toute paternelle du législateur, exempte du service militaire, outre ceux qui doivent naturellement être réformés pour infirmités graves, défaut de taille ou faiblesse de tempérament, les fils uniques de femme veuve, d'homme veuf âgé de plus de 70 ans, et les fils aînés de femme veuve;

elle permet aussi de laisser dans leurs foyers, à titre de soutiens de famille, les jeunes gens que leur numéro oblige à servir, mais qui, sans se trouver précisément dans les conditions formulées par la loi, sont pourtant notoirement nécessaires, soit à leurs frères et sœurs en bas âge, soit à leurs parents pauvres et infirmes.

M. de Bonneuil n'omettait rien de ce qui rentrait dans ses attributions pour que, d'une part, la loi sur le recrutement fût exécutée dans sa commune comme elle doit l'être dans l'intérêt de l'État, qui est l'intérêt de tout le monde, et que, d'autre part, les exigences de cette loi fussent satisfaites en imposant le moins de charges possible à ses administrés.

— Faites bien attention, leur disait-il à l'époque du tirage au sort, aux dispositions bienveillantes de la loi qui peuvent, si vous savez en profiter, alléger les charges qu'elle vous impose pour assurer la défense du pays. Il y a toujours dans la commune quelques-uns de ces jeunes garçons au tempérament ardent, inquiet, qui éprouvent incessamment le besoin de casser ou de se faire casser quelque chose. Le conseil que je donne à ces braves garçons, d'accord avec leurs familles, c'est de s'engager volontairement; ils n'ont pas de meilleur parti à prendre, pour eux comme pour les autres. Or, puisqu'il leur convient de servir, puisque leur présence sous les drapeaux convient à tout le monde, pourquoi ne prendraient-ils pas la place d'autres jeunes gens désignés par le tirage au sort pour faire partie de l'armée et qui, sans être moins braves ou moins dévoués à la France que les autres, peuvent avoir des raisons plausibles pour rester dans la vie civile ? La loi permet ce genre de remplacement entre frères, beaux-frères et cousins jusqu'au sixième degré. A Paris et dans les grandes villes, le bénéfice de cette disposition de la loi est rarement applicable, parce qu'en général on se marie dans des familles sans liens de parenté antérieure; au village, au contraire, nous nous marions entre nous; les familles ne se dispersent que rarement; nous sommes tous cousins. Il en résulte que celui qui a des motifs pour s'engager volontairement, et qui, à l'époque du tirage au sort, est favorisé d'un bon numéro, a presque toujours un cousin, ne fût-ce qu'au sixième degré, avec lequel la loi lui permet de changer de numéro, si celui-ci en a un mauvais et qu'il désire ne pas servir. Moyennant une gratification convenable que le cousin restant offre volontiers au cousin partant, l'État a son compte de bons soldats, et le poids de l'impôt d'hommes est sensiblement allégé, à la satisfaction générale.

M. de Bonneuil ne s'en tenait pas à ces sages conseils; il mettait à profit l'autorité que lui donnaient ses fonctions de maire pour décider à partir ceux qui, d'après leurs antécédents, n'avaient réellement pas de meilleur parti à prendre; il servait bénévolement d'intermédiaire entre eux et ceux de leurs parents, proches ou éloignés, qui désiraient ne pas servir, et tout s'accommodait sans difficulté par son entremise. C'est aussi lui qui se chargeait de faire valoir auprès du sous-préfet, du préfet et de l'autorité militaire, les réclamations de ceux qui avaient droit à être laissés dans leurs foyers comme soutiens de famille. Mais, par compensation, il se montrait inexorable envers ceux qui, après avoir obtenu cette faveur, s'en rendaient indignes par leur mauvaise conduite.

Jean Maugé, resté à titre de soutien de famille dans la commune après avoir amené au tirage le n° 4, vint demander à M. de Bonneuil un certificat pour obtenir un prolongement de permission.

— Ah! oui, parlons-en, dit M. de Bonneuil. Je puis attester que vous ne sortez pas du cabaret, que vous vous enivrez sept fois la semaine, que vous soutirez à vos malheureux parents par des menaces brutales le peu d'argent qu'ils gagnent à la sueur de leurs fronts ; c'est le seul certificat qu'il soit en mon pouvoir de vous délivrer, en voulez-vous? Jamais vous n'en aurez d'autre de moi; vous pouvez y compter. Croyez-moi, ne demandez pas le prolongement de votre permission ; ne me mettez pas dans l'obligation, si des renseignements m'étaient demandés sur votre compte, de fournir de mauvaises notes qui vous nuiraient dans l'esprit de vos chefs. Rejoignez votre régiment au pas accéléré, sans vous y faire reconduire par la gendarmerie, et tâchez d'y devenir un bon sujet en même temps qu'un brave soldat; à votre âge, on peut, sous ce rapport, tout ce qu'on veut. Vous ne manquez pas d'instruction;

revenez, à l'expiration de votre temps de service, avec les galons de sous-officier, quelque chose à la boutonnière, s'il y a moyen ; vous aurez ainsi payé à votre famille tout ce que votre mauvaise conduite lui a fait souffrir. Quant aux petites dettes que vous laisserez en partant, cela me regarde ; vous n'aurez que moi pour créancier, et je ne suis pas exigeant.

Cette dernière considération décida Jean Maugé à prendre son sac et à rejoindre son corps. En route, il fit de salutaires réflexions, prit de bonnes résolutions, et, ce qui est plus rare, il eut assez d'empire sur lui-même pour persévérer dans la bonne voie. Toutes les prévisions de M. de Bonneuil furent réalisées : Jean Maugé revint au village avec la médaille militaire et les galons de sergent ; il se maria et fut un des cultivateurs les plus considérés de la commune.

— Ne te réjouis pas trop d'avance, disait M. de Bonneuil à Gervais Laurent, qui venait d'être exempté provisoirement pour défaut de taille ; il ne te manque que 5 millimètres ; l'an prochain, tu les auras, tu seras bon pour le service et tu auras, comme on dit, le droit de faire ta corvée.

— C'est sans doute un beau droit, dit en riant Gervais Laurent ; mais, je vous avoue, monsieur le maire, que je ne suis pas bien pressé d'en réclamer l'exercice.

— Il ne faut point en plaisanter, dit M. de Bonneuil. Quand vient l'heure de rendre ses comptes au Père Éternel (cette heure vient à tous les instants et pour tout le monde), ce-lui-là est soulagé d'un grand poids qui peut se dire en son âme et conscience qu'il a toujours usé du droit de faire sa corvée; car il est certain d'avoir toujours été honnête homme.

L'année suivante, la veille du tirage au sort, Gervais Laurent, portant sur ses épaules un sac de conscrit qui paraissait assez lourd, se mit en route longtemps avant le lever du soleil. Quelque matin qu'il fût, M. de Bonneuil s'était levé avant lui ; il l'aborda dans la rue et lui dit en lui prenant la main : Où vas-tu ?

— Je vais droit devant moi, dit Gervais Laurent; je ne compte m'arrêter que quand je ne pourrai plus marcher.

— On m'a parlé de cela, dit M. de Bonnéuil; je t'ai guetté au passage pour t'empêcher, s'il est possible, de faire une sottise et une mauvaise action. Écoute-moi; je ne te retiendrai pas longtemps. On t'a dit, et c'est la vérité, qu'en faisant une marche forcée avec une forte charge sur le dos, ta taille diminuerait des quelques millimètres qu'elle a gagnés depuis l'année dernière ?

— Oui, monsieur le maire ; on m'a expliqué que le tasse-ment des cartilages intervertébraux diminuerait ma taille; je ne sais pas ce que cela veut dire, mais cela m'est égal, pourvu que je rapetisse et que je ne sois pas soldat; ainsi, laissez-moi passer, je vous en prie.

— Un instant, et j'ai fini. As-tu réfléchi au tort que tu vas faire à celui qui va partir à ta place? car il faut que l'État ait son compte de conscrits, et tu sais bien pourtant que tu es bon pour le service et que c'est ton devoir de servir.

— Chacun pour soi, dit Gervais Laurent, sans en écouter davantage, et il se mit en route d'un pas résolu.

Le lendemain, Gervais Laurent avait, comme il l'avait souhaité, deux millimètres de moins que la taille légale pour être conscrit ; le surlendemain, il se mettait au lit : il y resta trois mois, entre la vie et la mort. M. de Bonneuil, qui le rencontra marchant avec des béquilles, se garda bien de lui adresser d'inutiles reproches ; il le félicita, au contraire, sur sa convalescence.

— Ah ! monsieur le maire, dit le malheureux jeune homme, c'est aujourd'hui que je comprends combien j'aurais bien fait si j'avais suivi votre conseil en acceptant, comme vous le disiez, le droit de faire ma corvée ! Quand même je guérirais tout à fait, ce que je n'espère plus, j'ai là un remords dont je ne guérirai pas, je le sens. Mon voisin et mon ami, François Lebrun, celui-là même dont le numéro venait après le mien, et qui est parti par ma faute, est revenu au village avec une jambe de bois ; et, loin de me rien reprocher, c'est lui qui a voulu me veiller quand j'étais en danger de mort ! Il m'a pardonné, lui ; mais moi, voyez-vous, je ne me pardonnerai jamais.

— Vous n'avez pas le droit, mon ami, d'être plus sévère envers vous-même que celui que vous avez offensé. Reprenez courage, revenez à la vie et payez à François Lebrun, en bonne amitié, la jambe qu'il a perdue par votre faute.

Les encouragements de M. de Bonneuil furent inutiles : Gervais Laurent succomba. Personne depuis dans la commune ne fut plus tenté de s'exposer à contracter une maladie mortelle, pour se faire rapetisser et se rendre sottement et lâchement impropre au service militaire.

CHAPITRE XXXVI

Cette fois, dit M. Robert en entrant un matin dans le cabinet de travail de M. de Bonneuil, je viens prendre votre avis sur une affaire de grande importance : il s'agit d'une succession qui m'arrive et sur laquelle je ne comptais guère : celle de mon cousin Dufour.

— D'abord, dit en riant M. de Bonneuil, êtes-vous bien certain que feu Dufour était votre cousin ?

— S'il faut parler sincèrement, reprit M. Robert sur le même ton, le fait est que je n'en sais trop rien. Les Dufour sont comme les Dubois et les Duval : il y en a beaucoup, et peut-être faudrait-il remonter jusqu'au père Adam, ou tout au moins jusqu'à Noé, pour retrouver entre eux quelque origine de parenté. J'ai toujours entendu parler dans la famille de ma mère d'un cousin Dufour, vieux garçon qui passait pour riche. Préoccupé de bien d'autres soucis, je n'avais jamais songé à m'informer s'il était mort ou vivant, lorsque, hier au soir, voilà qu'il m'arrive de Paris un monsieur tout en noir, cravate blanche, ressemblant à un employé des pompes funèbres, qui s'est dit homme de loi. Ce monsieur m'a expliqué comme quoi, ayant possédé la confiance de feu Dufour qui le chargeait, dit-il, de la gestion de ses affaires, il a cru, comme tout le monde, qu'à sa mort, sa succession, faute d'héritiers, allait tomber en déshérence, c'est-à-dire retourner à l'État; car Dufour n'a pas laissé de testament. Or, en mettant en ordre les papiers de la succession, il prétend avoir mis la main sur des titres qui prouvent que Dufour était mon parent au dixième degré. La loi reconnaît les droits des héritier jusqu'au douzième degré : c'est donc moi que regarderait la succession Dufour. Voici les pièces qu'il s'est empressé de me remettre ; je crois me connaître assez bien en agri-culture ; pour ce qui est du droit, je n'ai jamais eu la prétention d'y rien comprendre. Soyez donc, selon votre habitude, assez bon pour jeter les yeux sur ces paperasses et m'en dire votre sentiment; l'homme d'affaire reviendra, m'a-t-il dit, la semaine prochaine.

— J'examinerai tout cela, dit M. de Bonneuil ; avant le retour de votre homme de loi, nous en causerons.

Quelques jours plus tard, ce fut M. de Bonneuil qui alla rendre visite à M. Robert.

— La parenté est très-régulièrement établie, dit-il en l'abordant ; vous êtes sans contestation possible l'héritier de Dufour.

— Merci, monsieur le maire, pour la peine que vous avez bien voulu prendre et pour la bonne nouvelle que vous m'apportez.

— La nouvelle n'est peut-être pas aussi bonne que vous pouvez le croire. J'ai pris des informations : Dufour laisse, en effet, des terres et des maisons, grevées d'hypothèques pour à peu près leur valeur. Il laisse aussi une collection de curiosités ; il paraît qu'il avait la manie du brac-à-brac, et qu'il s'y connaissait médiocrement, le brave homme. Un de mes amis qui a donné un coup d'œil à tout ce fatras m'assure qu'il s'y trouve seulement quelques pièces réellement précieuses, noyées dans un fouillis d'objets de toute sorte, sans aucune valeur ; la vente ne produira presque rien. Enfin, d'après les mêmes renseignements, il y a des créanciers en grand nombre qui vout élever une montagne de réclamations ; c'est le plus clair de la succession Dufour.

— C'est donc pour cela, dit M. Robert, que l'homme de 'oi me pressait d'accepter immédiatement, et qu'il me demandait ma procuration pour la liquidation de l'héritage ? Je vois ce que c'est : il agissait dans l'intérêt des

créanciers de la succession ; si j'avais accepté de confiance,
tout mon avoir y passait.

— C'est très-possible et c'est même probable, dit M. de
Bonneuil. Néanmoins je ne vous conseille pas de renoncer
purement et simplement à l'héritage de votre parent ; je
vous engage seulement à ne l'accepter que sous bénéfice
d'inventaire.

— Excusez mon ignorance, dit M. Robert ; j'ai souvent
entendu parler de cette formule de droit comme d'une
chose que tout le monde sait ou doit savoir, ce qui fait
que je n'ai jamais osé demander à personne ce que cela
veut dire. Je ne vois donc aucune difficulté à accepter la
succession Dufour sous bénéfice d'inventaire, quand vous
m'aurez fait connaître le sens de ce terme ; car je l'ignore
complétement.

— Rien de plus facile, dit M. de Bonneuil. Il est évident que vous n'avez aucun motif pour payer des dettes
que vous n'avez pas aidé feu Dufour à contracter ; vous
saviez à peine qu'il était de ce monde, et jamais ses affaires
n'ont en aucune liaison avec les vôtres. Si vous acceptiez
sa succession purement et simplement, comme vous le
proposait l'homme de loi, vous vous mettiez en son lieu
et place, vous donniez prise sur vos propres biens à tous
ceux à qui la succession doit quelque chose, en sup-
posant, ce qui paraît certain, que l'actif de cette succession ne suffise pas pour les désintéresser. En acceptant sous bénéfice d'inventaire, vous n'êtes engagé à

rien du tout envers personne. On va dresser l'inventaire de l'héritage ; les créanciers présenteront leurs titres, et l'on verra s'il y a ou non de quoi payer tout le monde. Dans le cas contraire, vous n'aurez rien, mais vous ne devrez rien ; vous n'aurez rien encore s'il y a tout juste de quoi couvrir toutes les créances ; si, quand tout le monde aura été payé, il reste quelque chose, ce quelque chose sera pour vous. Voilà en deux mots, mon voisin, ce que c'est que d'accepter une succession sous bénéfice d'inventaire. Vous comprenez que, hors le cas où la question d'honneur est en jeu, et où les héritiers tiennent à ce que tous les créanciers soient satisfaits, quand même ils devraient suppléer de leur bourse à l'insuffisance de l'actif, toute succession dont la liquidation ne promet qu'un résultat douteux, n'est acceptée que sous bénéfice d'inventaire. Ce mode d'acceptation pèche plus ou moins contre la délicatesse, quand l'héritier a eu des intérêts engagés avec ceux du parent dont il hérite, et qu'il a lui-même plus ou moins contribué à contracter les dettes de la succession. C'est ainsi notamment que des fils notoirement dans l'aisance perdent à juste titre leurs droits à la considération publique, lorsqu'ils n'acceptent l'héritage paternel que sous bénéfice d'inventaire.

— A merveille, dit M. Robert ; je sais actuellement à quoi m'en tenir. L'homme de loi peut revenir quand il lui plaira ; il n'aura pas ma procuration. Je serais peut-être par trop indiscret en vous priant de vous en charger ?

— Nullement ; j'allais vous la demander. Quand tous sera terminé, je vous expliquerai pourquoi.

L'homme de loi fut singulièrement désappointé quand il apprit la résolution de M. Robert de n'accepter que sous bénéfice d'inventaire la succession Dufour. Les créanciers furent encore plus contrariés quand, à la place de M. Robert qu'on savait riche et qu'on croyait facile à plumer, ils se trouvèrent avoir affaire à M. de Bonneuil, qu'il n'était nullement facile d'exploiter à discrétion. Les créances douteuses furent éliminées ; les créances exagérées furent équitablement réduites. L'actif de la succession fut réalisé, par les soins de M. de Bonneuil, dans les meilleures conditions possibles. Bref, après s'être donné autant de peine que si l'affaire l'avait concerné personnellement, il s'en tira à son honneur, en rapportant à M. Robert une liasse de billets de banque formant une somme assez ronde, sur laquelle l'héritier bénéficiaire ne comptait pas.

— En me chargeant de votre procuration pour la succession Dufour, dit M. de Bonneuil, je vous ai dit, vous vous en souvenez sans doute, que j'avais mes raisons ; le moment est venu de vous les faire connaître ; les voici : La commune n'est pas riche, la fabrique non plus, et nous tenons à ne pas nous endetter. L'église a besoin de grosses réparations, la maison d'école de même, et un peu plus d'eau dans la fontaine publique du village nous ferait grand bien. Vous pressentez mes conclusions ? Je me suis dit que si j'étais assez heureux pour arranger les affaires de façon à ce que, tous frais faits, il vous en revînt quelque chose, vous ne refuseriez pas de tendre à la commune et à la fabrique une main ouverte, avec quelque chose dedans?

— Prenez tout hardiment, dit M. Robert. Sans vous, d'avides créanciers m'auraient écorché vif; c'est un plaisir pour moi de faire un bon emploi d'un argent sur lequel je n'ai jamais compté, et dont je n'ai aucun besoin.

— Tout, dit M. de Bonneuil, ce serait trop; gardez de quoi renouveler votre mobilier, je sais que votre femme le désire, et aussi de quoi porter convenablement le deuil du cousin Dufour. Le surplus suffira pour réparer l'église, l'école et la fontaine; il ne vous en coûtera rien, et ce sera autant de gagné pour votre part de paradis.

CHAPITRE XXXVII

La famille Lambert, l'une des moins aisées de la commune, venait de se trouver à peu près éteinte. Le jeune homme qui devait la continuer avait embrassé par goût la carrière maritime ; il avait péri dans un naufrage. Le père et la mère, découragés par le chagrin, avaient succombé l'un et l'autre, à quelques semaines d'intervalle. Ce n'était assurément pas une chose de grande importance que la succession Lambert ; les défunts n'étaient rien moins que millionnaires. Mais, ce ne sont pas toujours les héritages les plus opulents qui donnent lieu aux contestations les plus acharnées. Le notaire, homme de sens et d'expérience, d'une intégrité à l'abri de tout soupçon, ne pouvait venir à bout de mettre d'accord les parties intéressées ; on parlait de plaider à outrance, et pas moyen de faire entendre raison aux cohéritiers. C'est que, par un de ces caprices de la destinée qui se manifestent fréquemment dans les petites comme dans les grandes affaires de ce monde, ces cohéritiers étaient quatre vieillards très-avancés en âge, très-bornés, très-entêtés, à cheval sur ce qu'ils nommaient leur droit, chose dont ils n'avaient d'ailleurs aucune notion bien précise. Le père Lambert et sa femme avaient hérité sans contestations possible de la défroque et des modiqueés épargnes de leur fils mort au service de la marine de l'État. Étant morts tous les deux, ils avaient pour héritiers le grand-père et la grand'mère Lambert d'une part, le grandpère et la grand'mère Larcher de l'autre, la femme Lambert étant une Larcher. Le plus jeune de ces quatre ascendants approchait de son quatre-vingtième printemps. Il semble qu'à cet âge on devrait être plus ou moins détaché des intérêts de ce bas-monde ; les quatre octogénaires n'avaient aucune prétention au désintéressement. Les Lambert ne comprenaient pas comment la totalité de l'héritage de leur fils pouvait leur être disputée et comment les Larcher prétendaient en avoir la moitié, eux qui n'étaient même pas des Lambert ! Mais, ce qui leur semblait encore plus révoltant, c'est que, dans la partage, le notaire voulait attribuer aux Larcher une charrette et deux chevaux, l'objet le plus important du mobilier de la succession, sans en donner l'équivalent aux Lambert. Les gros mots allaient leur train, et le spectacle de cette cupidité sur le bord de la fosse inspirait au notaire un profond dégoût. C'était la première fois, depuis qu'il exerçait dans le canton, qu'une famille s'éteignait ainsi, et que des vieillards avaient à se disputer l'héritage de leurs enfants. Voyant ses conseils impuissants et l'inutilité de ses efforts, le notaire proposa l'arbitrage de monsieur le maire : tout le monde s'empressa d'accepter, et le calme se rétablit comme par enchantement.

M. de Bonneuil prit jour pour accommoder l'affaire, et, à l'heure convenue, il arriva, portant sous son bras un volume du Code.

— Mettez vos lunettes, père Lambert, dit-il au plus récalcitrant de la compagnie, et lisez à haute voix, s'il vous plaît, l'article qui vous concerne. Vous verrez que d'après la loi, quand il ne reste ni fils ni fille, ni frère, ni sœur, ni neveux, ni nièces, pour recueillir un héritage, la succession regarde par parties égales les ascendants survivants, moitié dans la ligne paternelle, moitié dans la ligne maternelle. Ainsi, le peu que laissent les époux Lambert morts sans enfants revient par moitié aux Lambert et par moitié aux Larcher ; le texte est précis.

— C'est ce que j'ai toujours soutenu, dit le père Lambert triomphant ; alors, pourquoi M. le notaire veut-il avant tout partage, attribuer aux Larcher la charrette et les deux chevaux? Je vous le demande, monsieur le maire, est-ce juste?

— Ce n'est pas moi qui répondrai, dit M. de Bonneuil, c'est la loi. Continuez votre lecture, père Lambert; vous allez voir que, dans les cas très-rares où des grands-pères et grand'mères héritent de leurs enfants et petits-enfants, l'ordre naturel des choses se trouvant interverti, les objets donnés par l'un des cohéritiers aux défunts, sont repris par privilége, en dehors de tout partage. En effet, quand bien peu de temps avant leur mort, les Lambert ont reçu des Larcher en pur don une charrette et son attelage de deux chevaux pour les aider dans leur modeste exploitation, leur mort prochaine n'était ni prévue, ni à prévoir; c'est à eux, non à vous, que s'adressait cette générosité; il n'est que juste que ces objets retournent à ceux qui les avaient donnés; cela est conforme à la loi autant qu'à l'équité naturelle.

— Pourtant, monsieur le maire, voulut objecter la vieille grand'mère Lambert, puisque nous devons avoir chacun la moitié...

Son mari lui imposa silence; il avait lu et compris la loi, il savait que monsieur le maire n'avait jamais réglé aucun différend que dans le sens du bon droit et de la justice: il se tenait pour battu et n'entendait pas prolonger la contestation.

— Tandis que nous y sommes, dit le notaire, vous savez bien qu'un testament ne fait mourir personne; j'ai reçu, moi qui vous parle, il y a déjà bien des années, les testaments de gens plus âgés que vous et qui sont encore en parfaite santé : à qui voulez-vous laisser votre avoir? Je ne vous connais plus de parents, ni de près ni de loin, père Lambert; vous ne voulez pas, sans doute, qu'après vous, M. le receveur de l'enregistrement prenne possession au nom de l'État, de ce que vous laisserez ?

— Je m'en rapporte à M. le maire, dit le père Lambert; je viens d'avoir la preuve que je n'entends rien aux affaires; il s'y connaît mieux que moi; je signerai tout ce qui lui conviendra; ce qu'il fera sera bien fait.

— En ce cas, se hâta de dire M. de Bonneuil, que M. le notaire veuille bien dresser un modèle de testament en faveur du bureau de bienfaisance; les pauvres doivent être les héritiers naturels de ceux qui n'en ont pas.

Ce conseil de M. le maire eut l'assentiment du vieux Lambert; il n'eut pas celui de la veille grand'mère Larcher.

— Il me semble, dit-elle, que, s'il n'y a plus de Lambert, il y a des Larcher, leurs alliés, sinon leurs parents; on s'est toujours regardé et traité comme cousins, et le père Lambert aurait aussi bien fait de nous laisser son avoir que de l'abandonner au bureau de bienfaisance en nous en dépouillant.

— Mais, ma bonne femme, dit M. de Bonneuil, si je ne me trompe, votre mari et vous, vous avez au moins deux ou trois ans de plus que le père et la mère Lambert, et vous voudriez en hériter?

Tous les assistants se mirent à rire ce qui déconcerta la vieille, qui se retira en grommelant.

— C'est une chose triste, dit le notaire à M. de Bonneuil, de voir la vieillesse, si digne de respect en elle-même, se manquer à elle-même de respect.

— Heureusement, dit M. de Bonneuil, il y en a peu de cette force; la peine que ces gens ont eue à gagner quelque bien explique chez eux, si elle ne l'excuse, la passion de la propriété. Certes les Larcher comptent parmi les plus intéressés de la commune; vous voyez pourtant que, bien qu'ils ne soient pas riches, ils n'avaient pas craint de se défaire d'une partie de leurs épargnes pour donner aux époux Lambert la charrette et les chevaux, objet du différend que nous venons d'ajuster; ne les jugeons donc pas trop sévèrement; ils ont les qualités de leurs défauts : que de gens, au village et ailleurs, poussent les défauts à l'extrême, et n'ont pas les qualités qui les compensent !

CHAPITRE XXXVIII

Sommaire. — Exclusion d'un héritier pour cause d'indignité. — Accusation calomnieuse portée contre le défunt. — Les droits du calomniateur passent à ses parents les plus proches. — Intervention courageuse de M. le maire.— Éviction du coupable.

Un ancien ami de M. de Bonneuil, M. Dumont, maître de forges retiré des affaires, s'était fait construire une élégante habitation tout près de la maison de campagne de M. de Bonneuil; riche et célibataire, il fit venir, pour lui tenir compagnie, avec l'intention bien arrêtée de lui laisser sa fortune après lui, un neveu qui, dans les premiers temps, se comporta à son égard comme s'il eût été son fils.

— Je crois, lui disait M. de Bonneuil, que ce jeune homme joue quelque peu la comédie dans ses rapports avec vous ; je le surveille sans qu'il s'en doute, et j'ai des raisons pour penser qu'il a besoin d'être maintenu sévèrement. Il a déjà des dettes dans le village ; quand il n'est pas auprès de vous, il ne recherche pour en faire ses compagnons de débauche, que les jeunes gens les plus tarés; je regarde comme de mon devoir de vous en prévenir. M. Dumont paya les dettes de son neveu, lui fit de sérieuses remontrances, et crut pendant quelque temps qu'il se corrigerait. Malheureusement le jeune homme, trop profondément corrompu, fit de nouvelles dettes, recommença le même train de vie, et compromit tellement le nom qu'il portait que finalement M. Dumont se vit dans la nécessité de le renvoyer à ses parents.

A quelque temps de là M. Dumont se trouva, par suite d'intrigues ténébreuses, impliqué dans une affaire épouvantable, où il ne s'agissait pour lui de rien moins que des travaux forcés. Sa signature avait été contrefaite avec tant d'art que les experts hésitaient à se prononcer; il fut sur le point de succomber à une accusation de faux ; néanmoins il fut acquitté. D'où partait le coup ? Du neveu de M. Dumont, qui, furieux de voir une riche succession lui glisser entre les doigts, n'avais pas reculé devant une accusation calomnieuse, pour se venger du propre frère de son père.

Cette affaire porta à M. Dumont un coup dont il ne se releva pas. Il lui semblait toujours que l'opinion publique était contre lui, qu'on le croyait acquitté faute de preuves, et qu'il passait au fond pour un faussaire. Le chagrin s'empara de lui ; il mourut dans un âge encore peu avancé. Le neveu ne manqua pas d'accourir, bien qu'il ne comptât guères sur l'héritage, persuadé que l'oncle défunt l'avait rayé de son testament; il n'en était rien : M. Dumont n'avait pas fait de testament. Le neveu, qui venait de perdre son père, se trouvait le plus proche héritier collatéral ; il se présenta hardiment chez le notaire en cette qualité. Le notaire trouva ses titres en règle, et se mit en devoir de l'envoyer en possession de l'héritage.

— Qu'allez-vous faire ? lui dit M. de Bonneuil. C'est un fléau que ce jeune Dumont ! S'il s'établit dans la commune et qu'il en devienne un des principaux propriétaires, il nous donnera du fil à retordre ; il faut l'évincer à tout prix.

— C'est fort bien, dit le notaire, mais comment ? Si vous en avez un moyen, je vous en félicite; moi, je n'en connais aucun.

—Laissez-moi faire, dit M. de Bonneuil. La première fois que vous verrez Dumont, dites-lui, sans l'effaroucher, que j'ai à lui parler et que je le prie de passer chez moi.

Dès le lendemain, Dumont, légèrement inquiet, se rendit néanmoins à l'invitation de M. le maire, qui le reçut avec une politesse réservée.

— Monsieur, lui dit-il sans autre préambule, vous êtes ici pour recueillir l'héritage de feu mon excellent ami Dumont; j'ai désiré vous parler seul à seul, pour vous dire que vous n'avez aucun droit à cette succession, et qu'elle ne peut vous appartenir, pour cause d'indignité.

A cette attaque imprévue à brûle-pourpoint, le jeune homme devint pourpre et bondit sur son siége.

— Moi, dit-il, moi, indigne de l'héritage de mon oncle ? Et pourquoi ? Comment ? Expliquez-vous !

— Très-volontiers, dit M. de Bonneuil sans hausser le ton. La loi exclut de toute succession : 1° celui qui a tué ou tenté de tuer le parent dont il devrait hériter dans l'ordre naturel ; je sais que vous n'êtes point dans ce cas ; 2° celui qui, ayant connaissance d'un meurtre commis sur sa personne, n'en a point informé la justice ; cette disposition ne vous est pas non plus applicable ; 3° celui qui a porté contre son parent défunt une accusation calomnieuse. Mon excellent ami Dumont, votre oncle, a été affreusement calomnié ; il a eu à se défendre contre une accusation de faux ; son innocence a été reconnue ; mais avoir à se défendre d'une accusation pareille, c'en était trop pour lui : il en est mort. Eh bien , mon cher, l'auteur de cette noire machination, c'est vous.

Le jeune homme pâlit affreusement, mais il ne dit mot.

M. de Bonneuil poursuivit :

— J'ai réuni sans bruit les preuves de votre participation à cette ténébreuse affaire, l'accusation part de vous ; les témoignages qui le prouvent sont accablants. Rien n'est encore entre les mains du procureur impérial ; j'ai remis e dossier à celui de vos parents qui hérite à votre défaut ; votre indignité sera judiciairement proclamée, et quelque chose que vous fassiez, vous n'hériterez pas. C'est ce que je tenais à vous faire savoir.

— On risque beaucoup, dit Dumont, en poussant à bout un homme de mon caractère. En parlant ainsi, il tira de sa poche un pistolet. Mais, avant qu'il eût le temps d'en faire usage, deux mains robustes lui saisissaient les deux bras par derrière et le tenaient en respect. Le garde champêtre, prévenu par M. de Bonneuil, s'était tenu dans un cabinet, à portée de venir au secours du maire, en cas de besoin ; l'ancien sergent de chasseurs à pied n'avait pas perdu de vue le Dumont, ne doutant pas que, réduit au désespoir, il ne fût capable de tout.

— Vous savez compter, dit M. de Bonneuil avec un imperturbable sang-froid ; mon garde champêtre et moi, cela fait deux ; je n'ai qu'un cordon de sonnette à tirer pour qu'on aille prévenir la brigade de gendarmerie casernée à deux pas d'ici ; ils sont cinq, tous gens solides et qui reculent rarement. Vous n'espérez, pas sans doute, si fort et si bien armé que vous puissiez être, tenir tête vous tout seul à sept hommes déterminés : ce ne serait pas prudent. Je garde votre pistolet, chargé, ma foi! jusqu'à la gueule; il portera témoignage en cas de besoin.

Écoutez, Dumont, je ne veux pas vous perdre ; vous portez le nom d'un homme qui fut toute sa vie mon ami. N'élevez pas de prétentions sur son héritage qui, dans tous les cas, vous le voyez, ne peut pas être à vous ; disparaissez et faites-vous oublier, on vous en laissera le temps :

c'est tout ce que je puis faire pour vous. J'ai parfaitement
le droit de vous faire arrêter, et je suis en mesure de vous
envoyer en cour d'assises, rien que pour être venu me
menacer chez moi, le pistolet à la main ; je ne le ferai pas,
retirez-vous ; mais faites en sorte qu'on n'entende plus
parler de vous. Jusqu'à votre sortie de France, vous ne
serez pas perdu de vue un seul instant, je vous en préviens.

Dumont se retira sans oser répliquer. Le garde champêtre le suivit, l'aida à faire sa malle et l'accompagna
jusqu'à la prochaine station du chemin de fer. Il paraît
que, tout bien considéré, les conseils de M. le maire lui
parurent bons à suivre, car il les suivit : il s'embarqua pour
le Brésil, et nul n'entendit plus parler de lui dans la suite.
La succession de l'oncle Dumont resta ouverte jusqu'à l'expiration du délai légal, après déclaration d'absence de l'héritier le plus proche; puis elle fut recueillie par les collatéraux.

— Ma foi, disait à M. de Bonneuil un conseiller municipal,
il faut avouer que vous avez rendu à la commune un
signalé service en la délivrant d'un scélérat déterminé.

— Il ne faut pas, dit M. de Bonneuil, m'en avoir beaucoup d'obligation ; l'expulsion de ce misérable me profite
personnellement autant qu'à la commune. Mais, quand
même le soin de ma propre tranquillité n'eût point été en
jeu, j'aurais mis tout en œuvre pour faire déclarer par la
justice l'indignité du neveu de Dumont ; jamais, au grand
jamais, je n'aurais souffert qu'il fût paisiblement l'héritier
de la fortune de celui dont il a causé la mort.

CHAPITRE XXXIX

Peu de temps après, M. Robert vint rendre une nouvelle visite à M. de Bonneuil ; il paraissait fort en peine, et portait un crêpe à son chapeau.

— Je sais, dit M. de Bonneuil après l'avoir fait asseoir, qu'il vient d'y avoir plusieurs morts dans votre famille, qu'elle a été cruellement éprouvée, et que ceux de vos parents qui sont décédés laissent des affaires assez embrouillées, à ce qu'on m'a dit ; je suis tout à votre disposition, si vous croyez que mes conseils puissent vous être utiles.

— C'est, dit M. Robert, ce que j'espérais de vous. Nous

étions quatre frères, tous mariés et ayant des enfants ; tous les enfants sont morts, un seul excepté, un fils à moi, né depuis deux jours, et le chirurgien a déclaré qu'il ne vivrait pas. Mes deux frères aînés sont morts dans le courant de cette année ; nous ne sommes plus que deux, et la femme de mon frère Guillaume, le seul qui me reste, vient aussi de mourir. Guillaume n'avait pas réussi dans ses affaires ; sa femme avait de la fortune, ils étaient séparés de biens. Se voyant malade avec peu d'espoir de guérison, ma belle-sœur, qui avait pour ma femme et pour moi beaucoup d'amitié, sachant ma femme dans un état de grossesse très-avancé, a fait son testament en faveur de notre enfant qui n'était pas encore venu au monde ; puis nous avons eu le malheur de la perdre. Aujourd'hui mon frère Guillaume prétend que le testament de sa femme ne vaut rien, parce qu'elle l'a fait expressément contre sa volonté.

— Il est dans l'erreur, dit M. de Bonneuil ; une femme peut toujours disposer par testament de ce qui lui appartient en propre, sans le consentement et même contrairement à la volonté formellement exprimée de son mari ; ce point ne peut pas même faire l'objet d'une contestation. Quant à l'enfant, c'est différent ; s'il n'est pas né viable, comme le prétend le chirurgien, le testament est nul de plein droit, et les biens laissés par votre belle-sœur doivent retourner à sa famille.

— L'enfant n'est pas fort, dit M. Robert ; mais pourtant, et quoi qu'en dise le chirurgien, j'espère l'élever. Ce que je ne puis comprendre, c'est que mon voisin Gérard a hérité des biens de sa femme morte en couches, bien que l'enfant qu'elle a mis au monde n'ait vécu qu'un jour, pas davantage.

— C'est tout simple, dit M. de Bonneuil ; l'enfant, qu'il soit ou non né viable, hérite de sa mère ; le père hérite ensuite de son enfant, sans contestation possible. Ici, le cas est tout différent. Votre fils n'est pas l'héritier naturel des biens de sa tante décédée ; il ne pourrait en hériter qu'en vertu d'un testament, lequel, selon la loi, n'a de valeur qu'à l'égard de l'enfant né viable. Je pense donc qu'il y a lieu, avant tout, de faire constater par deux médecins l'état de votre enfant ; et s'ils sont de l'avis du chirurgien qui l'a déclaré non viable, ne plaidez pas contre votre frère, ce qui, dans tous les cas, est une extrémité déplorable : vous seriez assuré de perdre. Vous pouvez d'ailleurs prendre l'avis d'un homme de loi de profession ; je ne vous donne pas ma décision comme infaillible ; mais je crois très-bien connaître la loi en ce point, et je pense que, si votre enfant n'est pas né viable, la loi vous donne tort.

— Je me garderai bien, dit M. Robert, de prendre l'avis de qui que ce soit après le vôtre ; je cours à la ville chercher les deux meilleurs médecins que je ramènerai avec moi ; et si je ne dois pas, d'après leur consultation, conserver mon pauvre enfant, je ne ferai aucune démarche pour réclamer la succession de ma belle-sœur.

M. Robert était à peine parti pour la ville que son frère Guillaume accourut chez M. de Bonneuil. Guillaume était un de ces hommes violents et irritables, qui ne pardonnent point aux autres les conséquences naturelles de leurs propres sottises. Il en voulait à tout le monde de ce qu'il s'était ruiné dans des opérations de commerce auxquelles il n'entendait rien, et il s'était oublié jusqu'à menacer le notaire qui avait, comme c'était son devoir, reçu le testament de sa femme, parce que celle-ci n'avait pas jugé à propos de lui laisser tout son bien.

Guillaume entra chez M. de Bonneuil, le chapeau sur la tête, et dit sans le saluer :

— Je voudrais bien savoir, monsieur le maire, de quoi vous vous mêlez de vouloir vous immiscer dans nos affaires de famille? Est-ce que cela regarde vos attributions de maire? J'étais assuré que son enfant, qui ne vivra pas, ne recueillerait pas la succession de ma défunte femme; j'avais l'attestation du chirurgien comme quoi l'enfant à Robert n'était pas né viable; et voici qu'en passant, je l'ai entendu dire à l'un de nos voisins qu'il n'avait pas encore renoncé à tout espoir de faire valoir le testament de ma femme. Je le répète, de quoi vous mêlez-vous et que lui avez-vous conseillé ?

— Je n'ai jamais souffert, dit M. de Bonneuil, que personne prît avec moi, chez moi, le ton que vous prenez en ce moment; j'ai conseillé à Robert ce que je crois être dans son intérêt; pour vous, je vous conseille de sortir au plus vite, et de ne jamais remettre les pieds ici ; ne m'obligez pas à vous faire sortir de force.

— Je sors, dit Guillaume furieux ; mais si l'enfant de mon frère hérite des biens que ma femme n'a pas voulu me léguer, vous vous en repentirez, je ne vous dis que cela !

Les médecins, après avoir bien examiné l'enfant de M. Robert, trouvèrent qu'avec des soins et le lait d'une bonne nourrice, il pouvait vivre, et, de fait, il vécut plusieurs mois. Guillaume plaida pour faire casser le testament de sa femme ; il perdit, ce qui acheva de le ruiner ; il eût été réduit à la plus profonde misère sans une pension viagère que sa femme lui avait léguée sur le revenu de ses biens, pension que lui servait son frère Robert.

A quelque temps de là, le notaire revenant à cheval, par une nuit noire, de recevoir un testament dans un hameau écarté, fit une chute grave et se blessa sérieusement ; une corde avait été tendue d'un arbre à l'autre en travers d'un chemin creux, ce qui devait nécessairement faire tomber le cheval du notaire ; tout le monde attribua cet accident à une vengeance de Guillaume, qui, n'ayant rien à faire, vivant maigrement de sa modique pension, passait son temps à braconner et à jouer de mauvais tours aux gens à qui il en voulait, et il en voulait particulièrement à M. de Bonneuil.

Un matin, M. le maire trouva morts dans sa basse-cour un de ses chiens et la plus grande partie de ses volailles ;

on leur avait jeté par-dessus le mur de la pâtée et du grain empoisonnés; de sourdes menaces d'incendie circulaient déjà, et il n'était pas difficile, en remontant à leur source, de trouver qu'elles venaient aussi de Guillaume, auteur présumé de l'empoisonnement du chien et des volailles de M. de Bonneuil. Guillaume, qui, lorsqu'il avait un peu d'argent, s'adonnait à la boisson, laissa échapper des propos qui le compromettaient; il blessa assez sérieusement, dans une rixe de cabaret, un brave homme qui lui reprochait sa mauvaise conduite, et qui prenait en termes chaleureux la défense de M. le maire, déchiré à belles dents par Guillaume en état d'ivresse. M. de Bonneuil pensa que es choses commençaient à aller trop loin; il fit arrêter Guillaume, et engagea celui qu'il avait blessé à s'adresser à la justice. Quand Guillaume se vit sous les verroux, il réfléchit sérieusement à sa position, et écrivit à son frère Robert, pour le supplier d'aller implorer M. de Bonneuil en sa faveur. Dans cette lettre, il avouait tout ce que M. de Bonneuil n'avait fait que soupçonner, et si, par l'intervention de M. de Bonneuil, il pouvait échapper à une condamnation, il demandait pour toute grâce que sa famille lui fournît les moyens de s'expatrier.

— Je ne demande pas la mort du pécheur, dit M. de Bonneuil à M. Robert, venu pour le supplier en faveur de Guillaume; il avoue et se repent; c'est quelque chose. Le notaire est rétabli; je me garderai bien de lui faire part des aveux de votre frère en ce qui le concerne; moi, il

m'a privé de mon bon chien Castor, misérablement empoi-
sonné ; c'est lâche, mais n'en parlons plus. Indemnisez
celui qu'il a blessé, je me charge de lui faire retirer sa
plainte. Quant à sa résolution de s'en aller, c'est ce qu'il
peut faire de mieux, et je lui en faciliterai volontiers les
moyens.

— Combien je suis désolé, monsieur le maire, disait
M. Robert, de tous les désagréments que vous éprouvez
pour m'avoir rendu service, et combien je suis reconnaissant de votre indulgence envers mon malheureux frère,
qui aurait fini par déshonorer la famille !

— Je savais bien d'avance, dit M. de Bonneuil, que tout
n'est pas rose dans le métier de conciliateur et de donneur
de conseils. Mais quand on veut sérieusement faire le peu
de bien qui se rencontre à sa portée, il ne faut pas se laisser arrêter par la crainte des conséquences : c'est le train
naturel des choses de ce monde ; je m'y étais bien attendu,
et, au total, l'estime des gens de bien, l'attachement que
tout le monde me témoigne dans la commune, compensent
largement quelques désagréments sur lesquels je savais
bien que je devais compter ; je ne trouve pas que j'en aie
plus que ma part.

FIN

TABLE

CHAPITRE VI.

CHAPITRE VII.

CHAPITRE VIII.

CHAPITRE IX.

CHAPITRE X.

CHAPITRE XI.

CHAPITRE XII.

CHAPITRE XIII.

CHAPITRE XIV.

CHAPITRE XV.

CHAPITRE XVI.

CHAPITRE XVII.

CHAPITRE XVIII.

CHAPITRE XIX.

CHAPITRE XX.

CHAPITRE XXI.

CHAPITRE XXII.

CHAPITRE XXIII.

CHAPITRE XXIV.

CHAPITRE XXV.

CHAPITRE XXVI.

CHAPITRE XXXIV.

CHAPITRE XXXV.

CHAPITRE XXXVI.

CHAPITRE XXXVII.

CHAPITRE XXXVIII.

CHAPITRE XXXIX.

FIN DE LA TABLE.